本書既是初學者與深入研究榮格學者的指引，也是為專精的學者所寫有關榮格理論的精彩評論；《榮格心靈地圖》是近年來在榮格心理學論述方面最重要的著作。對想了解榮格和自認已了解榮格的人，本書都是極具啟發性的。

—辛格(June Singer)
《靈魂疆界：榮格心理學的應用》
*(Boundaries of the Soul: The Practice of Jung's Psychology)*作者

莫瑞·史坦深得榮格在未知無意識領域冒險的神髓。他引領我們經歷榮格自身的發展，寫來好似運籌帷幄，卻又與榮格共享發現的樂趣。

—韓德森(Joseph L. Henderson)
《陰影與本我》*(Shadow and Self)*作者

只有像莫瑞·史坦對分析心理學有如此深刻和堅定興趣的人，才寫得出這本書。他對榮格的主要概念提出直截了當的解釋，但卻保留了榮格思想的細微奧妙之處。在榮格思想極易受到扭曲的當世，我樂意極力推薦本書。

—克煦醫生(Thomas B. Kirsch, M.D.)
國際分析心理學協會卸任會長

新世紀叢書

當代重要思潮・人文心靈・宗教・社會文化關懷

作者◎莫瑞・史坦 Murray Stein　　譯者◎朱侃如
譯文校訂◎蔡昌雄

〈導讀〉榮格對當代心靈探索的啟示

南華大學宗教學研究所助理教授
蔡昌雄

多數涉獵或研究過榮格心理學的人，都會對榮格思想的精微廣博與意境的深邃超遠，留下深刻的印象。單就榮格學說內部本身所涉及的研究領域而言，從心理學、宗教學、哲學、科學、物理學、神話學、靈魂學、占星學、文化批判到文藝理論，已然是一份洋洋灑灑需要過濾消化的龐雜清單。此外，由於榮格本人在靈性探索上的天賦異稟與特立獨行，固然使得心靈幽深玄妙的冥契特色表露無遺，但其難以把握的本質，以及連專業人士也不免抱怨的晦澀語彙，往往使初入門的學人有如墜五里霧中的感覺。因此，系統介紹榮格心理學研究的導論專書，便應運而生。本書《榮格心靈地圖》即是滿足這種需要的書籍之一。

作者莫瑞・史坦博士，現任國際分析心理學會的副會長，鑽研榮格心理學數十年，對於上述理解榮格心理學可能遭遇的困難頗有體認。由於導讀榮格的著作早期已有，而且無論在質與量方面均有一定水準，因此新作必須有補充或超越前者之處，才有出版的價值。依據作者的說法，本書針對外界對榮格學說矛盾不一的批評提出辯護，企圖在榮格原著含藏的紛紜理路中，以作者個人的理解構思為經，堅實的原典資料佐證為緯，呈現出榮格理論連貫統一的脈絡來。對於初學者而言，在一個統合視域的基礎上，開始進窺榮格學說的堂奧，將是閱讀本書最大的獲益處；至於進階者，則可以在作者對原典資料的掌握、詮釋觀點的發明，以及兩者間的對應安排等方面，收切磋比較之效。就寫作目標的達成評估，我認為本書基本上是成功的。它依明晰的解讀架構循序漸進，不僅彰顯出榮格學說中心靈探索的深層因素（第一章到第七章），以及心靈人格整合的動態歷程（第八章），更透露了心物合一與生命永恆的宇宙消息（第九章）。

不過，由於本書重點在解說榮格理論中的基本概念及其內在的連貫性，因此，雖然作者在介紹的過程中，也難能可貴的交代了形成榮格相關概念的經驗基礎與時代背景，但畢竟非其論述主題，故著墨不多。我個人認為，如果入門讀者要對榮格學說的主旨精神有較深刻的體會，實有必要對榮格學說所觸及的生命靈性本質，以及榮格對當代心靈探索及其研究的啟示意義，先有一個概括的認識，才不致在抽象的概念與蕪蔓的資料中，因不了解其現實的相關性，而失去了閱讀學習的興趣。我認為下列幾個相關面向，是讀者在閱讀本書及了解榮格的過程中，值得留意思索、對照參酌的重點：

首先，是關於榮格心理學的屬性問題。榮格曾把現代人視為「尋找靈魂」的一群，綜觀榮格學說的全貌，我們若說它是環繞著心靈（psyche）、靈魂（soul）或精神（spirit）現象所建構的心理學理論，應不為過。問題是，此心究為何物？在榮格的認識中，無論是心靈、靈魂或精神，都要比意識運作的中樞，也就是以大腦功能為主的心智（mind），來得根本而重要。單就這點而言，榮格便與認知心理學等主流心理學派，以客觀研究途徑為尚的價值取向分道揚鑣，而被歸屬於深層心理學（depth psychology），或甚至超心理學（parapsychology）的範疇內。此外，由於他獨樹一幟的集體無意識（collective unconsciousness）與本我（Self）概念，使得他在深層心理學的領域裏，也與弗洛依德發展出來的心理分析學派主張呈涇渭分明之勢。

如此深入生命靈性的走向，固然是榮格學說博得許多內省沉潛之士認同喜愛的重要原因之一，但是在嚴格的學科分野上，卻使榮格理論陷入究竟是心理學，抑或形上學和宗教學的歸屬困境中。事實上，在宗教心理學的研究領域中，榮格心理學的研究內容與方法，便遭遇來自心理學與宗教學兩方學者的夾擊。某些心理學者認為，榮格的「心理學」不是真正實證研究得出的結果，而是為某種片面的神學論題或泛神的神秘世界觀服務的，尤其在《回答約伯》（*Answer to Job*）一書中，更可清楚見到榮格的寫作，基本上是神學的而非心理學的事實。抱持正統教義的基督教神學學者，則對榮格將神的超越他在性（transcendent otherness），等同為內涵的心靈象徵觀點，認為是一種貶抑，而普遍採取拒斥的態度。儘管雙方的批評皆各有論據，不過也都是一隅之見，不太能夠反映榮格學說的全體。

有鑑於此，作者史坦一方面不斷強調榮格心理學發現的實證經驗基礎，另一方面卻也承認，隨著整體理論的發展線索，榮格晚期的本我（Self）與同時性（synchronicity）等概念確已進入形上的玄想層次。史坦認為，這些高層次的準形上理論（第七到第九章）是掌握榮格心理學內涵（第一到第七章）的重要基礎，但是為了突顯榮格心理學的發現，是從經驗層次衍生出來的事實，因此在章節的安排上，將它們放在後段，視為榮格心理學發展的巔峰。史坦在這方面替榮格所做辯護的說服力如何，讀者自可判斷，我們在此只是要提醒讀者注意這個層面的爭議。

其次，從各方對榮格學說定位歸屬的爭議批評中，我們可以進一步探討榮格對當代人心靈狀態的診斷，以及他對人們在心靈探索的道路上，所應具備態度及可能面對挑戰的處方。

榮格曾對當代人過度側重理性，而忽略非理性的偏頗（one-sidedness）傾向多所針貶。事實上，這種理性與非理性的二元對立衝突，乃是自古以來即有的心靈普遍現象，哲學上觀念論（idealism）與經驗論（empiricism）的難解爭論便是一例，只是當代人強調理性的程度，已經到了非理性因素要強烈反彈的地步罷了。上述有關榮格理論的歸屬定位問題，從傳統的學科分際觀點看，當然有它不得不分辨的道理存在，但是當任何一方僵固的執守原有學科劃定的範圍，不能因應深層心靈現象研究的需要，而做出適當的調整時，我們便不自覺的陷入理性的泥淖中無法自拔。因此，榮格認為包括個人與學術研究在內的當代心靈探索，都應該對非理性與神秘心靈現象抱持接納開放的態度，不要預設立場劃地自限。既然榮格認為人類的基本處境是種種心靈對立面的衝突，那麼人類在心靈探索的道路上，所需面對的挑戰自然便是如何在對立衝突的表層下，尋覓到共通的靈性基礎，並依此進行無盡的動態整合，以成就生命的全體（wholeness），這便是榮格稱為個體化（individuation）的人格發展過程。對榮格而言，這個挑戰所指向的目標雖然近乎不可能，但卻是人生發展的必經過程，所有人生的意義與價值，也必須仰仗這個過程中各階段的挑戰才能彰顯體證。

然而，我們不禁要問，這個整合的靈性基礎究竟為何？除了個人本身的體驗與觀察之外，榮格就是在此大哉問的引領下，才發展出集體無意識、本我與同時性等涉及本體論和宇宙論範疇的概念。簡言之，在榮格的認識中，這個整合的靈性基礎便是具有自主功能（autonomous function）的集體無意識心靈之流。但是榮格也指出，我們認識此一心靈真實的最大障礙在於，無法從集體無意識的本位立場出發，反而不斷優位化

(prioritize) 理性的認識地位。結果一談到心靈的真實，便以為它是內在世界的真實，與客觀的外在或物理世界無涉，凡是觸及心理或外界事件的解釋時，便局限在因果關係的思想模式中，不能脫困。這些常識經驗中預設的心物二元宇宙觀和形上論，都是理解深層心靈現象時常見的謬誤，也是榮格試圖有所突破之處。如果我們對此一關鍵有所體認，那麼我們便會了解依據榮格同時性所建構的人格發展理論，與發展心理學中假設因果關聯的漸生說 (epigenesis) 模型是大不相同的，也才明瞭為何榮格強調學習傾聽吾人帶有感情基調的判斷 (the feeling-tone judgment)，在趨近心靈全體的過程中如此重要。因為只有在「心即物，情即理」（「即」非全等，而是交融感通之意。）的宇宙視野中，我們才有可能見到二元對立世界「之間」的真實。這是榮格賦予我們的任務，也是讀者在閱讀本書和探索心靈時，所必然面對的挑戰。

在國內社會近年來宗教與心靈議題的推波助瀾下，榮格心理學譯作的出版也逐漸增加。儘管如此，眾人皆知國內有關榮格心理學的研究仍處於相當落後的狀態，不僅榮格原著的翻譯嚴重不足，本土學者從東方文化觀點整理寫作的榮格心理學著作，也幾乎付之闕如，更不用說從榮格觀點引申的比較研究專著了。不論從榮格對現代西方社會的重要影響而言，從榮格心理學與東方宗教和神秘學的密切關聯而言，或是從西方與鄰邦日本關於榮格論述典籍汗牛充棟的情況而言，都足以使我們對現有微薄的資源與研究感到汗顏。我個人一直認為，各領域西方經典的譯介，固然是邁向深入研究的開始，但是如果無法以本土觀點寫出吾人對該領域研究的了解甚至批評觀點，則我們距離真正的了解恐怕還有一大段長路要走。榮格心理學的研究也理應如是。但願立緒出版的這本《榮格心靈地圖》以及其他的相關榮格研究著作，可以對國內邁向全面性的榮格研究，產生更進一步的良性刺激。

榮格心靈地圖

【目錄】全書總頁數共316頁

3 心靈能量 75

導論
Introduction

榮格是發現內在世界的哥倫布。

榮格經常把自己當作是人類心靈這片尚未被規劃之神秘領域的先驅者與拓荒者。

整個世界都懸在一根絲線上，這根線便是人類的心靈。

2 榮格心靈地圖

你可以戰戰兢兢
沿著非洲海岸南行探索，
然而西行除了恐懼未知外，
別無他物，
它不是「我們的海」，
而是「神秘之海」，
或「隱晦之海」（*Mare Ignotum*）。

福恩提斯（Carlos Fuentes）
《埋藏的鏡子》（*The Buried Mirror*）

榮格過世的那個夏天，我正準備進大學。那是一九六一年。當時人類正開始探索外太空，美俄競賽看哪一方先登陸月球。所有的目光都聚焦在太空探測的偉大冒險上。人類有史以來第一次成功的離開陸地航向星群。當時我沒有了解到，在史普尼克（Sputnik）號人造衛星和阿波羅號太空船發射前數十年，由於榮格等人針對內在世界所進行的偉大探索，本世紀早已確切的被標顯為內在旅程的時代。葛倫與阿姆斯壯兩位太空人對我們而言是外太空的探險家，而榮格所代表的則是與內在空間的關係，他是深入未知領域、英勇無畏的旅行家。

榮格在蘇黎世郊區家中西向平靜湖面的房間安詳而去。南邊可看到阿爾卑斯山。榮格在離世前一天，要兒子扶他到窗前最後一次探望自己心愛的山峰。他一生探索內在世界，並著述描繪自己的發現。巧合的是，就在阿姆斯壯踏上月球表面那年，我也前往瑞士蘇黎世榮格學會（Jung Institute）就讀。我在本書中要和讀者分享的，正是自己近三十年研究榮格心靈地圖的精華。

本書的目的在以榮格著述中呈現的原貌，來描繪他的研究心得。初次發現榮格就像是跳入福恩提斯述說早期冒險家由西班牙橫渡大西洋時所謂的「神秘之海」。當我們出發進入這些遙遠的地方時，心情是興奮中夾雜著恐懼。我記得自己最初的嘗試，由於對前景過於興奮，所以急著向多位學校教授請教。我不曉得這樣是否「安全」。榮格太具吸引力了，他似乎好得不像真的！我會迷失、困惑和被誤導嗎？很幸運的，這些導師認為我可以前行無礙，自此我便不斷的旅遊並發現到寶藏。

榮格自己原先的旅程甚至更令人心驚膽顫。他是真的完全不知道自己是會發現寶藏，還是會跌出世界邊緣落到外太空去。在他初次進入無意識時，它真的是「隱晦之海」。但他既年輕又勇敢，並決心找出新發現。於是他就勇敢的離去了。

榮格經常把自己當作是人類心靈這片尚未被規劃之神秘領域的先驅者與拓荒者。他似乎是富於冒險精神的。對榮格而言——我們也是如此——人類心靈是個遼闊的領域，這個領域在他所處的時代還沒有太多的研究。這個奧秘對富於冒險精神的人而言，是可能帶來豐富發現的挑戰，而對畏縮膽怯的人而言，則是具有精神失常威脅的恐懼。對榮格而言，靈魂研究也是具有重大歷史意義的事，因為誠如他曾說過的，**整個世界都懸繫在一根絲線上，這根線便是人類的心靈**。我們所有人都能和它熟悉是很重要的一件事。

當然，伴隨而來的是以下的大問題：**人類的心靈有辦法被知曉嗎？它的深度可被測量嗎？它的遼闊領域可以被圖解出來嗎？**也許是十九世紀偉大精神的遺緒，使得早期的深層心理學拓荒者如榮格、弗洛依德和阿德勒（Adler）等會去嘗試這樣的努力，並認為自己能夠界定那不可名狀、極度不可測度的人類心靈。他們終究出發航進此一「隱晦之海」，**榮格則成為發現內在世界的哥倫布。二十世紀是種種科學突破與科技奇蹟的時代，但同時也是深刻內省，探索人類共同主體性的時代，**其成果便是今日廣為人知的深層心理學領域。

熟悉吾人靈魂的方法之一，便是研讀由這些偉大先驅者繪製好的心靈地圖。在他們的作品中，我們可以為自己找到許多不同方向的起點，也許我們也會受到刺激進一步研究，並得到新的發現。榮格的心靈地圖，正如所有初次繪製的未知領域藍圖一樣，只能是初步、未經修飾和開放的工作，但對那些有意進入內在空間和心靈世界，卻未完全迷失方向的人而言，仍舊會是一大恩賜。

本書把榮格看成他自認的探索者和製圖者角色，並以這個形象做為其人類心靈理論寫作的引導。心靈是疆土，是他探索的未知領域；他的理論便是由他所創、用以傳達他對心靈理解的地圖。因此，我在本書中嘗試描述的便是這張榮格的心靈地圖，以此帶領諸位讀者進入他的著作領域，並予以穿透。因此，我所提出的是一張說明地圖的地圖，希望它對讀者諸君未來探究榮格生平與著作的旅程會有所助益。

正如所有的製圖者一樣，榮格運用了所有他當時可以掌握的工具和證據。他生於一八七五年，一九〇〇年在瑞士巴塞爾大學（University of Basel）完成基礎醫學課程，並於一九〇五年在蘇黎世的博爾后滋利診所（Burghölzli Klinik）完成精神醫生的訓練。

他與弗洛依德意義重大的往來是在一九〇七到一九一三年之間，此後他沉潛自省了數年，再復出時所呈現的便是他自己獨樹一幟的心理學理論，稱作分析心理學，是在他一九二一年出版的《心理類型》（*Psychological Types*）一書中提出來的。一九三〇年榮格五十五歲時，他的理論基本特色已大致成形，但仍有若干重要項目尚未詳述。這些細節在一九三〇年以後才被發表，而且直到榮格在一九六一年過世為止，仍持續不斷的自他筆下寫出。

科學地探索人類心靈的計畫，在榮格成年後的早期便已開始。他首次正式的探險，在他的博士研究論文《論所謂靈異現象的心理學與病理學》（*On the Psychology and Pathology of So-Called Occult Phenomena*）中有所描述。這份研究是針對一位聰穎年輕女性的內在世界，提供心理學的解釋，我們現在確知這位年輕女性就是榮格的表妹海倫・普里斯沃（Helene Preiswerk）。海倫少女時代便具有擔任靈媒的不凡能力，亡靈透過她以極其準確的原本聲音和腔調說話。榮格對此大為著迷，並著手去了解詮釋此一令人困惑的心理現象。他更進一步使用字詞聯想測驗，來揭露心靈中尚未被解析的領域的隱含特色。這些研究成果發表成多篇論文，目前收錄在《榮格全集》的第二冊中。這個新發現的無意識特徵他稱之為「情結」（complexs），這個專有名詞後來歷久不衰，而且讓他一舉成名。後來他選擇精神病與精神分裂這兩項當時在精神治療方面炙手可熱的問題研究，並寫了《精神分裂症心理學》（*The Psychology of Dementia Praecox*）這本書。他將這本書當成自己的代表作寄給弗洛依德，並依此建議弗洛依德的某些概念如何能在精神治療方面運用（弗洛依德是神經科醫師）。在弗洛依德溫暖熱情的回應後，榮格與弗洛依德的關係開始進入專業領域，而且很快成為處於啟蒙階段的心理分析運動的領袖。他從此展開對造成精神官能症的條件這個晦暗不明領域的研究，最後則在他稱為「集體無意識」（collective unconscious）的深層心靈中，致力發現那些大體不變且具普遍性的幻想和行為模式（原型）。對原型與集體無意識的描述與詳細的說明，爾後成為榮格的心靈地圖，與其他無意識深層心靈探索者的心靈地圖區隔的標記。

一九三〇年將榮格專業生涯大體分成前後兩段：一九〇〇年他在博爾后滋利診所開始接受訓練並進行心理治療研究，一九六一年這位智慧老人在蘇黎世湖上的庫斯那特（Küsnacht）家中逝世。回顧過往，我們可以看到榮格前三十年的專業活動是深富創意的。在那段歲月裡，他不僅催生了他那里程碑式的心理學理論的基本要素，同時也對當代重大的集體議題提出看法。後三十年在新理論的建構上，或許可能較沒有新意，但是專書和論文的產出量卻比以往更為龐大。這是深化與驗證他早期假設與洞觀的歲月。他把自己的理論進一步延伸到包括歷史、文化與宗教在內的研究，並創造與當代物理學連結的重大線索。榮格對精神病患和接受心理分析者的診療工作，在他專業生涯的前半段耗費掉比較多的時間，也比較緊繃；這種情況在一九四〇年後逐漸降至最低程度，當時二次大戰擾亂了歐洲正常的集體生活，而榮格本人在開戰不久後也為心臟病所苦。

榮格對心靈的研究也有非常個人的因素。他對無意識心理的探索不只在病患和接受實驗的對象上進行。他也分析自己。事實上，有一段時間他是自己研究的主要對象。他仔細觀察自己的夢並發展出積極想像（active imagination）的技術，藉此找出能更深入自己內在世界隱密地帶的方法。為了解自己和病人，他發展出一種在人類文化、神話和宗教間做比較研究的詮釋方法；事實上，他對人類歷史中任何與心理過程有關的素材都不放過。這種方法他稱為擴展（amplification）。

榮格思想中的許多資糧與根源都尚未仔細釐清。榮格在作品中承認受惠於多位早期思想家，包括歌德、康德、叔本華、卡洛斯（Carus）、赫特曼（Hartmann）和尼采；最重要的是，他把自己放在古代諾智派（Gnostics）與中世紀煉金術士的譜系中。他所青睞的哲學家是康德。黑格爾辯證法對榮格論理的影響也很明顯，弗洛依德也留下印記。雖然榮格思想在他生涯擴延的歲月中，顯然有所發展成長，但是他的基本智識方向卻有相當驚人的連貫性。部分榮格的讀者發現他後來發展出來的心理學理論，在他早期學校兄弟會發表的文章中，已明顯埋下種子，這些論文並集結出版成《卓菲幾亞演說》

（*The Zofingia Lectures*）一書。這些文章都是在本世紀前當榮格還是巴塞爾大學本科生時寫成的。歷史學家艾倫伯格（Henri Ellenberger）甚至宣稱「榮格分析心理學的種子細胞，從他在卓菲幾亞學生會的討論，以及他在年輕靈媒表妹海倫身上所做的實驗，就可以發現。」卓菲幾亞的演說顯示出榮格早期對盤據他一生時光議題的奮戰，例如把宗教與神秘經驗攤在科學實證下來的研究便是。即使當時還很年輕，榮格就論證說，這類主題應該被敞開納入實證研究，並以開放的心胸來進行。一九〇九年當他在克拉克大學（Clark University）碰到威廉・詹姆斯時是個高潮點，因為當時詹姆斯已採取相同的立場，並完成經典之作《宗教經驗之種種》（*Varieties of Religious Experience*），用的正是這種方法。

榮格於是集其研究與經驗，描繪出一張人類的心靈地圖。這張地圖描述人類心靈的各個面向，也試圖解釋心靈的內在動能。不過榮格總是戒慎恐懼的尊重靈魂的終極奧秘。他的理論可被解讀為一張心靈地圖，但這張神秘的地圖終究無法被理性的詞彙與品類所掌握。它是一張麥丘里神式（Mercurial）、活生生的心靈地圖。

在閱讀榮格時，讀者也必須謹記這張地圖並非心靈領域的全貌。地圖的知識和深層心靈的經驗不能等同。地圖在最好的情況下可以成為需要方向與嚮導者的有用工具。對於某些迷失方向者，它甚至可能是救星。至於其他人，它則具有刺激去體驗榮格學說意旨的強烈衝動。我自從閱讀榮格作品後，便開始記錄自己的夢。後來我甚至旅居蘇黎世，在榮格學會做了四年研究。我透過對無意識的分析和個人體驗，對許多榮格發現的道理得到了第一手的知識。然而，我的內在世界和榮格並不相同。他的心靈地圖可以指示路徑並提出綱要，但卻不能提供特定的內容。這必須由讀者自己去發現。

在榮格心靈地圖的多項特色中，他特別強調科學的直觀和驚人的旺盛想像。例如，當時的科學方法尚無法確認，也無法否定他關於集體無意識的假設。今天則比較可能做到。但是榮格也是個運用自己創思形塑內心世界圖像的藝術家。就像那些古代與文藝復興時期精美繪製的地圖（作於科學繪圖以前）一般，榮格創繪的地圖不僅抽象，更是亮麗。在此人們可以找到美人魚與龍怪，以及英雄與邪惡的角色。身為科學的研究者，榮格當然有責任實證地測試自己的直覺與假設性的建構。但是這仍然留下許多神秘的想像空間。

榮格的工作專業訓練是精神治療，或是他有時所謂的醫療心理學。他早年在蘇黎世博爾后滋利診所見習期間的主要老師，便是著名的瑞士籍精神醫生尤金・布雷勒(Eugen Bleuler)，是他創造出精神分裂症（schizophrenia）這個名詞，來指稱一種最嚴重的精神疾病，並對心理分歧的問題發表許多文章。榮格盡可能從他自己以外的資源和他直接的經驗，為自己的理論與假設尋求證據並予以驗證。他的閱讀與研究的範圍廣泛，他宣稱，身為一位心靈的實證探索者，他所繪製的心靈地圖，描繪的不僅是自己內在世界的領域，同時也泛指人類靈魂的共通特徵。**正如其他偉大的藝術家一樣，榮格所繪製的圖像具有傳世與跨文化的影響力**。

榮格這位瑞士心理學家，今日頗負盛名且被高度尊重，但他的著作卻往往沒有被仔細研讀，又常常被批評為矛盾不一；我則認為他實際上創立了一套條理連貫的心理學理論。我把它視為一張顯示心靈層級，以及它們之間動態關係的三度空間地圖。它是理路脈絡自成系統的一件藝術品，對某些特定對象具有吸引力，但對其他人士則無此影響。它的假設前提是以科學命題的方式呈現，然而這其中許多前提要以實證經驗來證明或否證都十分困難。重要的研究仍然在這個領域中持續進行，然而不論結果為何，榮格的研究成果將繼續受到關注與稱頌。雖然地圖會隨著時間的演進與方法論的變遷而失去其關聯性，但是藝術品是絕不會過時的。

要用一本小書來描述榮格的心靈地圖，並不是全新的計畫，其他人如傑可比（Jolande Jacobi）與復丹（Frieda Fordham）過去早已寫了類似的導論作品。我期望本書能夠補充的是，強調榮格理論的拱狀連貫性和它的精微連繫網絡。榮格的理論往往只是被這一點那一點的片段陳述，而所有片段皆來自單一統合視野的觀點（我認為這是對靈魂的崇高看法）卻並非那麼明顯。事實上這些早期介紹榮格理論的著作也已出版多年，現在是寫一本新書的時候了。

我的目的在說明，雖然榮格心靈地圖中確實有缺陷和不一致之處，但是潛藏其中深刻而統合的視野，卻比偶爾由邏輯精確檢驗呈現的疏漏更有份量。我在本書解釋的主要旨趣，不在於呈現榮格思想的發展，也絕不在於考察他的心理學理論在心理治療與分析方面的實際應用。它的真正目的是，在榮格著作全集的種種評論與細節的波瀾中，暴露出潛藏其下的智識統合體。我盼望細心的讀者讀完本書後，可以對分析心理學理論的大致風貌，得到有如榮格自己解釋一般的了解，同時也對最重要的細節，以及它們如何歸屬於一個整體有所掌握。

我相信榮格的心靈解釋所以具有驚人統合性的原因，是因為他具有某種無法從他的實證方法論衍生出來的思維特質。承繼柏拉圖和叔本華等古代哲學家的範型，榮格是一位兼具直觀與創造性的思想家。雖然他是從當時科學與學術圈既有的觀念，創造出他的心靈地圖，但是他又賦予這些概念獨特的意義。他在創造全新概念方面的成就，遠不如他從既有事物形塑新穎獨特模式的貢獻。正如在某個繪畫傳統中作畫的偉大藝術家一樣，榮格運用當時他可以取得的意象與材料，然後造出某種過去用頗為相同質素組合卻未能呈現的新事物。

榮格也是愛柯哈特（Meister Eckhart）、玻姆（Boehme）、布雷克（Blake）和愛默森（Emerson）傳統中的靈視人物。他的許多重要洞見源自他的昇華體驗，而這些體驗則是從夢境、靈視與積極想像得來。他在自傳中公開承認這點時寫到，他關於「心靈真實」（reality of the psyche）的主要師承是費利門（Philemon）這個人物，費利門首先出現在他的夢中，然後他又在積極想像的過程中與其神交多年。直接的靈魂體驗是榮格理論的終極來源，這也說明它理論深度的內在統合性與自成脈絡的連貫性。

但是榮格也是一位熱忱的科學家，這點使他的作品不同於詩人和神秘家的作品。他以科學方法研究，這表示他的研究成果必須要能對科學界解釋，也必須接受實證方法的測試。他的靈視、直觀與內在體悟並不只依靠它們自己的優點而已，它們還需要經得起人類普遍經驗的證據檢驗。榮格對科學與實證的強烈需求，說明了他的理論具有不偏不倚的長處，因為他大可以用純粹的思想和想像，把粗糙概略的觀點修飾得平順些。實證的世界，也就是我們所經驗到的生命，是一團混亂的，並不能恰到好處的放入人類思想與想像造出來的框框中。因為榮格既是一個具有靈視能力的直觀型思想家，也是一位實證的科學家，所以他的人類心靈地圖雖然條理連貫，但卻只具有寬鬆意義下的系統性與一致性。

我一直欣賞榮格的作品，並持續閱讀它超過二十五年的原因之一，便因為他理路的一致是不具強迫性的。當我研讀條理井然的系統思想家如田立克（Tillich）或黑格爾時，我總是在他們嚴謹心智的硬嘴下，感到侷促不安。他們的思想對我而言太嚴密了。生命中的蕪蔓與趣味在哪裡？這使我朝向藝術家與詩人尋求智慧，而不以哲學家和神學家為主。我對嚴格的系統存疑，我感覺它們是偏執的。榮格的作品從未讓我有這種感覺。

我在閱讀榮格的作品時，總感覺到他對人類心靈奧秘深沉的敬意，他的這種態度使得視域繼續不斷的擴展。他的心靈地圖敞開了各種視野，而非關閉它們。我希望我能夠讓諸位讀者得到相同的印象。

這是一本導論性的書。雖然我確實希望連榮格心理學的進階學生，也能夠從本書獲益，但是我**真正的讀者是那些想要了解榮格學說，卻尚未找到他大量著述與複雜思想正確入口的人**。本書每一章專注於一個榮格理論的主題。我從《榮格全集》中找出與他心靈地圖某個片段對應的章節來。動機特強而用功的讀者，可在日後閒暇時找來做為參考。但願我以原典為中心的表達方式，能夠親切邀請讀者浸淫於第一手的資料中，直接面對挑戰，將榮格偶爾晦澀的文意擠出，同時反思它隱含的深意。

這些引文是我個人挑選的。其他同樣重要的文獻原本也有可能加以引用。我試圖從榮格作品中，選出最清晰和最具代表性的文章段落，以說明榮格的視野本質上是連貫的。**榮格的心靈地圖是智識、觀察和創意洞觀的偉大成就**。當代思想家對這項鶴立雞群的鉅作極少有能望其項背者：他的作品全都收錄在十八冊的《榮格全集》、三冊的《榮格書信》（*Letters*），多篇訪談集與隨筆，以及《榮格自傳》（與阿尼拉・賈菲（Aniela Jaffé）合著）中。我從成堆的材料中選出他理論最基本的主題，並捨去與分析應用、以及文化、歷史及宗教詮釋相關的部分。

回到我先前提出的問題：榮格的著作真的有一套體系嗎？他是一位有體系的思想家嗎？答案或許是有但書的肯定。他的理論是前後連貫的，就像瑞士國民雖然說四種不同語言，但卻是一個完整的國家一樣。儘管各部分看似孤立而且相當獨立的運作，但是整體是凝聚在一起的。榮格不像哲學家那樣做體系式的思考，也就是不在基本前提的基礎上，去確使各部分沒有矛盾的貼合在一起。他自稱是一位實證的科學家，因此他理論化的方式符合經驗世界中缺乏常規的狀態。身為一位直觀型的思想家，榮格鋪陳出巨型的概念，對它們進行衍義，然後再繼續朝向其他巨型概念發展。他經常回頭重拾自己，並在前進的過程中塡補理論的漏洞。這項特質造成閱讀榮格的困難。讀者必須讀遍榮格所有的作品才能盡窺堂奧。如果你有點隨機式的閱讀他的著作一段時間後，你會開始懷疑這些片段可能在榮格心中是可以拼湊成整體的，但是只有在讀完他所有的作品，並長期深思熟慮後，你才能了解它們為何真是如此。

我認為榮格覺得，透過自身醫療工作和體驗而察覺到人類心靈的深刻與遼闊後，他必須耐心長期研究，以便負責地把這個人類心靈的視野以理論形塑出來。他不願操之過急，而且經常延宕出版，其間則致力於建立能在學術圈支持他想法的結構。當我們試圖完整掌握此一視野時，我們要記得榮格花了六十多年的時光才將其理論細說清楚。我們不應在如此合於經驗真實的鉅著中，過度要求絕對的一致。

榮格在蘇黎世的學生說了一則關於他的故事。當榮格理論中的某個觀點被批評為前後不一致時，他回應說：我關注的是中央的火焰，我試圖在它的四周擺設鏡子，以便讓其他人看到它。有時這些鏡子留有縫隙，不完全精準密合。我對此無能為力。請專注於我試圖指出的事物上！

我認為我的任務在於盡可能正確的描述榮格在這些鏡中顯示出來的事物。**這是支撐我們這一代許多人的心靈視野，而且或許會成為可預見未來的心靈視野。**最重要的是，**榮格的著作所提供給我們的是，人類心靈這個偉大奧秘的各種意象。**

表層／自我意識

Surface
Ego-Consciousness

自我這個詞彙指涉的是，個人擁有一個展現意志、慾求、反思和行動中心的經驗。

自我是一面心靈能自見自覺的鏡子。心靈內被自我掌握和反映出來的程度，就是它歸屬意識領域的程度。

我將從榮格對人類意識及其首要特徵——「自我」(ego)——的描述,展開榮格的心靈地圖。「自我」是個專有名詞,它的拉丁文字意是「我」。意識是醒覺的狀態,它的中心便是「我」。這是一個明確的起點,也是進入我們稱之為心靈的遼闊內在領域的入口。它同時也是心靈複雜的特徵之一,仍有許多謎思和未解的問題。

雖然榮格在偏僻的心靈地域中,對發現意識底下埋藏的事物比較感興趣,但是他也進行描述解釋人類意識的工作。因為他意欲創出一幅完整的心靈地圖,所以自我意識便無可避免的成為他探索領域中的重要特色之一。榮格不能被稱作真正的自我心理學家,但是他確實賦予自我某種社會價值。他提供一種對自我功能的解釋,也認識到較廣大的意識對人類生活與文化未來的重要性。此外他更敏銳的察覺到,自我意識本身在心理學的研究上便是必備的要件。它是一項工具。我們人類對任何事物的知識,都會受到意識能力與侷限的制約。因此,研究意識便要把注意力放在我們研究探索心理學的工具上。

為什麼特別在心理學中了解自我意識的本質這麼重要?那是因為人需要對扭曲有所調適。**榮格說每一種心理學都是個人的坦白。每一個有創意的心理學家都受限於自己的偏見和未受檢驗的預測。**甚至那些在最熱忱、真摯研究者的意識看來對的事,也不必然全是確切的知識。許多被人們視為知識的了解,經過更仔細和更批判的檢視,只不過是基於扭曲、成見、道聽塗說、臆測和純粹幻想的偏見或信念而已。意見被視為知識以及可靠確定的事物緊抓著不放。「**我信故我了解**」（I believe in order that I may understand）這句聖奧古斯丁的名言，今日聽起來可能覺得奇怪，然而當人們開始談論心理真實的時候，情況往往便是如此。榮格批判的檢驗他理論發現所使用的工具，以此認真的檢驗自己思想的基礎。他強烈主張對意識的批判了解是科學的根本，正如同它是哲學的根本一樣。對心靈或任何事物的準確了解，都受到個人意識狀態的影響。這是他撰寫《心理類型》這本重要著作的主要目的；書中他把人的意識區分成八種認知型態，個人因而在處理資訊與生活經驗方面各有不同。

自我與意識的關係

榮格在著作中大量撰寫自我意識的議題。為了達到這裡設定的目標，我主要討論的是他後期作品《基督教時代》（*Aion*）的第一章〈自我〉，以及其他一些相關的文獻和章節。這些內容適切的概括了他的立場，而且也代表他在這個主題上的成熟思想。本章結尾我會附上某些《心理類型》的參考資料。

《基督教時代》一書可從許多不同的層次來閱讀了解。它是榮格晚期的作品，反映出他在西方知識史、宗教史及其未來方面的深厚涵養，同時也反映出他對本我（self）原型的最縝密的思維。該書前四章是後來加上去的，以提供新讀者有關榮格心理學一般理論的介紹，並提供了解分析心理學語彙的起點。儘管書中這些導讀的部分並不詳盡，也不是非常專業，但其中確實包含了榮格對自我、陰影（shadow）、阿尼瑪（anima）、阿尼姆斯（animus）和本我等心靈結構最精要的討論。

榮格在文中對自我的定義如下：「它彷彿是構成意識場域的中心，就它構成經驗人格這個事實而言，自我是所有個人意識作為的主體。」意識是個「場域」，而榮格此處稱為「經驗人格」的乃是我們察覺到且直接經驗到的人格。做為「所有個人意識作為主體」的自我，佔據了這個場域的中心。**自我這個詞彙指涉的是，個人擁有一個展現意志、慾求、反思和行動中心的經驗**。這個把自我當成是意識中心的定義，在榮格所有的著作中立場是一貫的。

榮格接著在心靈的架構內評論自我的功能：「心靈內容與自我的關係形成了意識的標準，因為除非內容是某主體的象表（represented），否則便無法被意識到。」自我是個「代表」心靈內容的「主體」。它就像是一面鏡子。此外，與自我的聯繫是使事物——感情、思想、知覺或幻想——被意識到的必要條件。**自我是一面心靈能自見自覺的鏡子。心靈內容被自我掌握和反映出來的程度，就是它歸屬意識領域的程度。當某個心靈內**

容只被模糊或極有限的意識到時，它便還沒有被掌握住，還沒有在自我反思的表層就位。

榮格對自我下定義後，接著便對心靈的意識與無意識特徵做出重要區分：意識是我們知道的事物，無意識則是所有我們不知道的一切。他在約莫同時寫成的另一文獻中，更精確的闡明這個觀點：「無意識不只是未知的事物，它更是『心靈層面的未知』(*unknown psychic*)，我們將此定義……為我們內在事物的全部，它們一旦浮出意識，便與已知的心靈內容沒有任何不同。」和所有的深層心理學一樣，榮格的心靈一般理論對意識與無意識的區分也是非常根本的；它假定某些內容是由自我反映出來，然後留置在意識中，在那兒內容可以被進一步檢驗與操控，而其他的心靈內容則暫時或永久的處於意識之外。無意識含括所有意識外的心靈內容，不論造成它們處於意識外的原因為何，也不論處此狀態的時間有多長。實際上，這是一個浩瀚偉岸的心靈世界。無意識是深層心理學研究的主要領域，也是榮格最有興趣探索的領域。不過他後來的興趣則不止於此。

榮格在著作中往往把自我說成「情結」，這個詞彙將在下一章中詳細討論。不過他在《基督教時代》一書的章節中，只把自我看成是意識的特殊內容，依此觀點意識被認為是比自我要寬泛的品類，所含括的內容不只自我而已。

意識場域——自我所在地，被自我佔據其中心並賦予定義——的本身是什麼？最簡單的說法，意識就是覺識。那是一種清醒的狀態，一種觀察記錄周遭和內在世界活動的狀態。人類當然不是地球上唯一的意識存在物。其他動物也有意識，因為牠們明顯能夠細膩的觀察周圍環境，並做出反應。植物對環境的敏感，也同樣可被看成是一種意識的形式。只有意識本身並不足以突顯人與其他生命形態的差別。意識也不足以做為區分大人與嬰兒小孩的標準。就最嚴格的意義而言，人類意識的根本特質完全不依賴年齡或心理的發展。一位目睹自己女兒誕生的朋友告訴我，在他女兒的胎盤切除，眼睛清洗乾淨後，他看到女兒張開眼睛，環顧房間四周，並將景物納入眼中時，真是感動莫名。這顯然是有意識的徵兆。眼睛是意識呈現的指標。眼睛的生氣與活動是存在的覺識在觀察世界的信號。當然意識不只依於眼識，也依於其他感官。在眼睛有視覺功能之前，子宮內的嬰兒便能記錄聲音，對聲調和音樂有反應，並顯示相當高度的反應能力。雖然我們還不了解胎兒究竟在什麼時候，開始達到能被確定稱為意識的覺察與反應能力，但那是很早的事，而且確定是在產前階段。

意識的對立面是深沉的無夢睡眠，也就是完全缺乏反應和有情覺識的。除了長期昏迷的情況外，意識從身體永久消失，實際上便是死亡的定義。就算只在未來有意識的潛能，意識仍是「生命的要素」，它是屬於活體的。

對榮格而言，自我形塑意識的關鍵核心，而且事實上在相當大的範圍內，決定了哪些內容留在意識領域內，哪些內容拋入無意識中。是自我把內容留在意識內，但它也可以不做反思，而使內容被剔除到意識之外。用弗洛依德的名詞來說，自我會對它不喜歡的內容，或讓它覺得痛苦到無法忍受，以及與其他內容相矛盾的事物，予以「壓抑」，榮格認為這個詞彙很管用。自我同樣可以追溯無意識庫藏（也就是來自記憶庫）中的內容，只要(a)這些內容沒有被像壓抑——隔絕不可忍受的衝突——這樣的防衛機制阻絕，而且(b)它們與自我的聯想關係夠強韌，也就是說它們被「學習」的程度夠強。

自我基本上不是由意識習得的內容——如短暫或緩慢的認同——所構成和定義的。它就像將內容凝聚在某個覺察焦點上的鏡子或磁鐵。但是它同時也具有意志及行動的能力。做為意識活力的核心，它的存在先於語言、個人認同或甚至個人姓名的自覺。後期自我習得的事物，如認得自己的名字與臉孔，乃是緊密環聚在這個意識中心的內容，具有定義自我以及擴大其發號施令和自覺範圍的效能。基本上，自我是覺識的虛擬中心，至少出生以後是如此；眼睛總是從這個基點、這個身體、這個人的觀點觀看世界。它本身是無，也就是非特定的事物。所以它是極難捉摸確指的。我們甚至可以完全否認它的存在。但是它一直是現成的。它不是滋養、成長或發展的產物。它是與生俱來的。雖然我們可以看到，它從這點開始通過與真實（參見下一段）的「衝撞」而向前發展，並獲得能量，但是它的核心卻是「天賦的」。嬰兒生下來就具有了。

依榮格對心靈的描述，在許多不同的意識內容之間，有一個聯絡的網路。它們都直接或間接的連結到自我這個中央機體上。自我不僅是地理意義上的意識中心，同時也是動態的意識中心。它是牽動意識內容並安排優先順序的能量中心。自我是決策及自由意志的所在。當我說：「我要去郵局時」，我的自我已經決定，並動員必要的身體與情緒能量來從事工作。自我指揮我往郵局去，並使我到達目的地。它是訂定優先順序的執行長：「到郵局去，不要被你想到公園蹓躂的願望分心了。」雖然自我可被視為自私心態的核心（自我主義），它同時也是利他主義的中心。誠如榮格所了解和描述的，自我本身及其衍生事物在道德上是中性的，它並不是一般通俗用法中所指稱的那種「壞事」（「天啊，他這樣自大！」），而是人類心理生活的必要部分。自我是人類與其他具有意識的自然生物不同之處；它同時也是人我分別的基礎。它是人類意識個體化的主體。

自我使人的意識聚焦，賦予我們意識行為意義感和方向。因為我們有自我，所以我們可能自由的做出違反我們自保、繁衍、創造等本能的決定。自我具有掌控和操縱意識內大量素材的能力。它是一個強有力的聯絡磁鐵，也是一個有組織力的主體。因為人在意識中心有這樣的力量，所以才能夠整合指引大量的資訊。強有力的自我能夠精微細膩的取得並影響大量意識的內容。弱勢的自我不太能勝任這方面的工作，比較容易被衝動和情緒性反應所制服。弱勢的自我容易分心散亂，因此意識便缺乏焦點和一致的動機。

在大部分正常的自我功能暫時不作用情況下，人要保有意識狀態是可能的。我們可以用意志使我們自己消極靜止，只像照相機那樣的觀察內在與外在的世界。然而在正常情況下，我們不可能長期刻意侷促於觀察的意識狀態中，因為自我與更寬廣的心靈通常會很快的投入被觀察的事物中。譬如說看電影時，開始我們或許只是純粹觀看，只注意人物與場景。但是，我們很快會開始認同其中某個或其他角色，於是情緒便被激發起來。自我準備好要行動，而如果某人難於分辨電影影像和真實（這是自我的另一項功能）的話，他便有採取肢體行動的傾向。身體於是被動員起來，自我也瞄準某項特定行動方案，並意圖實現它。電影的佈局確實試圖影響觀眾採取某種情緒立場，並對特定角色的行為與感受予以支持。如此投入的自我遂被激發成為祈願、盼望，甚至意欲的中心。某人因為電影影像激發出意識的感覺與思想，而做出人生重大的決定，是可以想像的事。因為電影直接衝擊的結果，而使人們離開電影院後變得暴力或貪婪，早已是眾所周知的事。此時自我已得到情緒、認同與慾望的催化，運用它的指揮功能與能量來行動。

這裡我們可以明顯看出，自我的自由是有限的。它很容易受到內外環境刺激的影響。自我可能會以舉起手臂防禦自己的動作，來回應威脅的刺激；它也可能被某種內在驅力啟動刺激，去創作、去愛或尋求報復。它也可能回應自我的衝動，也就是自戀的行為。例如，它可能因此被報復的需求驅力擄獲。

因此，清醒意識的重點在於，自我將內在與周遭環境的刺激和現象加以記錄，並使身體展開行動。要再次說明的是，自我的起源可追溯到最初的孩童和嬰兒時期。即使很小的嬰兒也已注意到周遭環境中的種種形貌，某些形貌似乎是令人愉悅的，嬰兒便伸手去抓。這些有機體早期意向性的徵兆，乃是自我〔個人的我體（I-ness）〕原始根源的明證。

思考這個「我」的本質與精髓，涉及深刻的心理學問題。自我的根本是什麼？我是誰？榮格會說，自我就是意識的中心。

「我」或許天真的覺得自己是永遠的存在。甚至前世生命的概念，有時也讓人感覺是有幾分真理與實在。「我」在生命的歷程中是否有根本的改變，是一個開放的問題。兩歲時哭著找媽媽的「我」，和四十五歲時因失戀悲泣，以及八十歲時為死去老伴慟哭的「我」，是同一個嗎？雖然自我的許多特徵確實明顯的在發展改變，特別在認知、自我知識、社會心理認同、競爭能力等方面更是如此，但是我們同時也可以在自我的核心，覺察到有重要的連續性存在。許多人都曾去尋找「內心的孩童」。這不啻體認到，童年的我和成人的我是同一個人。或許自我的基本核心在一生中是不會改變的。這或許也能說明，為何許多人強烈的直覺和相信，自我的核心不會隨著軀體的死亡而消逝，而是會到一個永恆安息之處（天堂、涅槃），或是在物質世界以另一個生命再生（轉世投胎）。

小孩大約在兩歲的時候首次說出「我」。在那之前它是以第三人稱或名字指稱自己：「綈米要」（Timmie want）或「莎拉去」（Sorah go）。當小孩能夠說「我」，以自我指稱的方式思想，有意識的把自己擺在個人世界的中心，並賦予這個立場某種特殊的第一人稱代名詞時，他已經在意識上向前躍進了一大步。但這絕對不是原初自我的誕生。早在這以前，意識與行為已經圍繞著一個虛擬中心組織起來。自我明顯的在個人能夠有意識和反思的指稱它以前便存在了，而了解它是漸進且持續一生的過程。自我意識的長成是歷經嬰兒到成人許多階段的過程。榮格在其自傳《回憶・夢・省思》（*Memories, Dreams, Reflections*）中，詳細描述一個例子時講到，他自己十三歲時走出雲霧遮蔽，有生以來第一次了解到：「現在我是自己！」

因為這種達到高層次自我了解和自我覺察——也就是自己反思的自我——的能力，使人的意識有別於動物的意識，至少這是我們目前所知道的。這項差別不僅因為人具有語文能力，使我們可以談論我所知道的「我」，並因此豐富它的複雜性，也因為人類意識呈現透明的自我反映功能。這項功能既是先於語言的，也是後語言的。它是個人存在的了解（日後則是個人將朽的了解）。因為有自我這面意識內與生俱來的鏡子，所以我們才能知道自己的存在及其內涵。其他物種也明顯的想要生存和控制它們的環境，它們有情緒與意識的跡象，同時也有意向性、真實測試、自我控制以及其他許多我們認為與自我有關的功能。但是動物在其意識中不具備這種自我反映的功能，或只有極少的成份。牠們的不是那麼自我。牠們知道自己的存在、將分別死去以及是分立個體嗎？這是值得懷疑的。**詩人里爾克**（Rilke）**主張，動物面對死亡的方式與人不同，這使得牠們具備更完整活在當下的優勢**。動物自我意識的方式和人類不同，因為沒有語言，所以牠們絕對無法精緻的表達牠們所擁有的自我意識，也無法以人類所有的語言工具做出自我與他人的區別。

發展到一定階段後，人類的自我與意識大體上便由個人成長與教育的文化世界來定義塑造。這是一層環繞中央自我的自我結構。通過家族成員的互動以及學校的教育經驗，小孩逐漸融入文化之中，並學習它的形式與習慣，這層自我也就變得愈來愈厚。榮格稱自我的這兩項特徵為「一號人格」與「二號人格」。「一號人格」是天生的核心自我，而「二號人格」則是隨著時遷世移從文化習得的自我層次。

個人自我意識的某些內容，具有極大的穩定度，不隨時間的變遷流轉。個人的名字通常是穩定的意識特徵。一定時程後，它甚至可能看起來永遠的與自我接合了。雖然名字非屬個人，係公共領域中個人人格面具（persona）的一部分（參見第五章），然而當父母親、小孩或愛人脫口叫喚這個名字時，卻碰觸到我們個人感覺最親密的地方。不過我們仍應認識到，名字是文化的人工產物，因為這個緣故它便不像身體等事物那樣穩定的固著在自我上。有人改了名字仍是同一個人。到目前為止，並沒有人改換整個身體來測試情況是否仍然不變。如果這樣可行，或當真發生這種情況，我們便可發現自我是否也超越身體。我臆測答案是自我確實超越身體，儘管自我與身體的關係看起來是那麼緊密的融合。

有人也許想要把自我定義成身體對它自身的意識，是個能作意、獨自、有限而特殊的實體。如果有人改換名字，我們可以論證說，他本質上的「我」沒什麼不同。但是，如果某人換了不同的身體，自我是否便會異質化了呢？自我深植於身體的程度比文化更深，至於這個關聯深到什麼地步，則是可以開放辯論的議題。儘管如此，自我深深懼怕身體的死亡。它恐懼的是自我會隨著身體的逝去而滅絕。然而根據榮格的說法，自我並不全然限定在肉體的基礎上。他在《基督教時代》一書中陳述說，自我「不是一項簡單或初級的因素，它是十分複雜的，因此任何描述無法窮盡它。經驗告訴我們，自我安置在靈與肉這兩個表面看似不同的基礎上。」

在榮格的思想中，心靈不能只被化約成身體的表現，也就是大腦化學作用或某種類似生理過程的結果。因為心靈同時牽涉到心理與精神層面（希臘文中的靈魂 *nous* 一字最能掌握榮格對這點的想法），因為如此心靈有時確能超越其物理位置。我們在後面的章節中，將更精確的了解榮格如何從物理性質與超越的精神或心理（*nous*）的組合中，演繹出心靈來。不過截至目前為止，我們至少可以宣稱，心靈與身體不是同一的，也不是彼此從對方衍生出來。被榮格認為是全然心靈客體的自我，也只具備部分的肉體基礎。自我以身體為基礎的說法，只有在它經驗到與身體合一的情況下才有意義，但是自我所經驗到的身體卻是心靈的。那是身體的意象，不是身體本身。身體的經驗是「肉體知覺的總合」，也就是人能以意識感覺到的身體。這些身體的知覺表象是「由肉體的刺激產生，其中只有部分越過意識的門檻。相當多的刺激是在無意識的狀態下發生，也就是下意識的發生。……說這些刺激屬於下意識，並不必然表示它們的狀態只是生理的，也並非只是心理的內容。有時候它們能夠跨越門檻被知覺到。但無疑的，這些肉體刺激大多數是無法被意識到的，由於它們是如此的原始，因此沒有理由賦予它們心靈的特質。」

我們在這裡觀察到榮格如何畫下心靈的界線，涵括自我意識與無意識，但卻沒有納入上述的肉體基礎。許多生理過程從未能穿越進入心靈，更不用說「無意識」的心靈了。它們原則上是無法成為意識的。例如，大部分交感神經系統無法被意識觸及是很明顯的。當心臟跳動、血液循環和神經元觸動時，只有部分的身體運作過程可以被意識到，而非全部。自我穿透肉體基礎的能力能發展到什麼程度並不清楚，修練有素的瑜伽士宣稱能夠對身體過程發揮極大的控制。例如他們據說可以意志控制死亡，並隨意停止心跳。某位瑜伽士隨意改變自己手掌表面溫度的能力，在測試後得到確認：他能夠任意改變十或二十度的體溫。這證明了可穿透控制身體的強大心靈能力，但仍留下許多未觸及的領域。自我能夠穿透細胞次級結構的程度有多深？譬如訓練有素的自我能縮小癌細胞腫瘤，或有效克服高血壓嗎？尚有許多問題待解。

我們應謹記兩道門檻：第一道門檻區隔意識與無意識，第二道則區隔心靈（包括意識與無意識兩者）與肉體基礎。我將在往後的章節仔細討論這些門檻，目前要注意的是，這些門檻是廣闊的，應該把它們想像成流動的界限，而不是固定或僵化的障礙。對榮格而言，心靈包含意識與無意識，但不包括純粹生理層面的身體。榮格堅稱自我仰賴「心靈的」身體，也就是身體的意象，而不是身體本身。因此自我基本上是心靈的質素。

自我的位置

心靈的整個領域與自我的潛在範圍幾乎是全然銜接的。心靈正如榮格在本段落中所定義的那樣，原則上是由自我所能到達的地方界定，並受此限制。然而這並不意味心靈與自我是同一的，因為心靈包括無意識，而自我多少侷限於意識範圍內。不過，至少無意識的潛能可被自我所用，儘管自我從未真正對無意識有太多的體驗。這裡要表達的觀點是，心靈本身有其極限，此極限點原則上就是刺激或超心靈內容，不再能被意識經驗到的所在。在榮格遵循的康德哲學中，這個無法被經驗到的實體稱為「物自身」（*Ding an sich*）。人類經驗是有限的。心靈是有限的。榮格不是泛靈論者，也就是宣稱心靈無所不在，並構成所有事物的人。身體在心靈之外，世界也遠比心靈大得多。

我們應避免對榮格專有名詞用法的精確度太過要求，特別是「心靈」和「無意識」等詞彙。否則，我們會在榮格刻意留下空隙和開口處，造成緊張的貼合。心靈與意識—無意識的合成領域並非同樣廣延，它也不是「分毫不差的」侷限在自我的範圍內。它的邊緣是心靈與身體的交會處，是心靈與世界的遭逢處，是「內外」色調變化的地帶。這些灰色地帶榮格稱為「類靈的」（psychoid）。這個領域的行為是類似心靈的，但又不全然是心靈的。它是「準心靈的」。例如，這些灰色地帶便存在著身心相關的謎團。身心如何相互影響？那裡是身的結束心的開始，反之亦然？這些問題仍然沒有解答。

在《基督教時代》的篇章中，榮格精微區別這些概念，他描述自我的心靈基礎如下：「自我一方面立基於整個意識領域，另一方面也立基於無意識內容的總合。它們可被歸成三個類群：第一，可自主複製的暫時性下意識內容（記憶）……第二，無法自主複製的無意識內容……第三，完全無法被意識到的內容。」根據先前的定義，第三類群應該被留置在心靈之外，然而榮格此處卻將它歸在無意識內。顯然他了解到，無意識到了一個不再是心靈的地方，它已延伸進入非心靈的區域，也就是超越心靈的「世界」。至少在某種距離上，這個非心靈的世界是位於無意識內的。此處我們正趨近偉大神秘之邊界：也就是超心靈知覺、同時性、身體的神奇療癒以及其他相關事物的基礎。

身為科學家，榮格必須為個人與集體無意識的存在這類大膽假設提出論證與根據。他在這裡僅間接指向這些論證，但在其他的著作中則仔細推敲：他說，「第二類群可以從下意識內容自發的噴入意識內的現象推理得知。」這描述了情結如何在影響意識。「第三類群是假設性的。那是第二類群底層事實的合理推論。」某些情結一貫的模式，使榮格假設了原型的存在。如果某些效應的強度與一致性夠充分的話，那麼科學家便可以架構出一個可能解釋這些效應，同時帶動進一步研究的假設來。

榮格在《基督教時代》一書中接著說到，自我立基於兩項基礎：肉體（身體）和心靈。這兩項基礎都是多層次的，部分存在意識中，但大部分是在無意識裡。指出自我立基於它們，意思是說自我的根源深及無意識。上層結構的自我是理性的、認知的，也是實在論取向的（reality-oriented），但在深層或比較隱密的層次上，自我受到情緒、幻想與衝突之流的支配，也受制於身體與心靈無意識的侵擾。因此，自我很容易受到肉體問題與心靈衝突的擾亂。自我固然是純粹的心靈實體，充滿活力的意識中心，也是認同與意志的家園，但在其最深層次卻容易受到許多不同來源的干擾所傷害。

誠如我所指出的，自我必須與意識領域有所區隔，後者是它立基和匯聚參考點的所在。榮格寫道：「當我說自我『立基』於整個意識領域時，我並不是說它含括了意識。果真如此，它將無法與整個意識領域區分。」就像威廉・詹姆斯（William James）區分主格的「我」（I）與受格的「我」（me）一樣，榮格在自我與詹姆斯所稱的「意識流」（the stream of consciousness）做出區隔。自我是掉入意識流中的一點，能夠把自己與意識流區隔開來，而且能以本身以外的事物覺察到它自己。儘管自我獲得觀察研究意識之流的足夠距離，但是意識並不完全受到自我的控制。自我在意識領域內能夠一定程度的移動、觀察、揀擇和引導動能活動，但同時也忽視許多意識另外可能注意的素材。

如果你在一條熟悉的路線上開車，自我的注意力常會游移到開車外的事物。你通過交通號誌及許多危險的交通狀況，安全駛抵目的地，奇怪自己究竟是如何到那兒的！注意力集中到其他地方，自我雲遊天外，把開車的任務交給非自我的意識。自我之外的意識此時繼續對資訊監控、吸收、處理並做出反應。一旦發生危險，自我便又回來主控。自我經常專注在它從意識之流抽拔出來的記憶、思想、感覺或計畫上。它把其他日常生活的例行工作交給慣性化的意識。這種自我可從意識抽離出來的特性，是一種溫和、非病態的分裂形式。自我可在某種程度內與意識分離。

雖然基本或原始的自我，從意識的最早期起，就以某種虛擬的中心或焦點呈現，但是它在嬰兒期和童年期的早期階段中，在重要的面向上確實有所成長發展。榮格寫到：「雖然自我的身心基礎本身，相對而言是未知和無意識的，但它是意識要素中最佳的典範。就實證的經驗而言，它甚至是在一生的過程中習得的。它最先似乎是從肉體因素與環境的衝撞中生起，一旦主體建立，它繼續從內外世界的進一步衝撞中發展。」根據榮格的看法，促使自我成長的因素便是他所謂的「衝撞」。換言之，就是衝突、困擾、氣憤、悲傷、痛苦等，是這些情境引導著自我發展。個人適應身心環境的必備要求，落在意識內的潛能中心，並強化它的功能，以便使意識集中，朝特定的方向動員有機的身體。做為虛擬的意識中心，意識是與生俱來的，但是做為實際發揮功效的中心，它的形態則有賴身心軀體與要求回應調適的環境氛圍之間的各種衝撞。根據榮格的看法，適度的環境衝突和一些挫折是自我成長的最佳條件。

然而這些衝撞可能是災難性的，並導致嚴重的心靈傷害。於是發展中的自我不但沒能強化，反而受到傷害，而由於受創如此嚴重，使得它後來的功能徹底損害。嬰兒受虐及童年的性傷害都是這類心靈災難的例子。這些災難往往使得自我在較低層的心靈記憶中，形成永久性的傷害。雖然它在認知層次也許能夠正常運作，但在比較無法意識到的部分，情緒性的混亂和凝聚結構的缺乏，造成嚴重的角色混亂與分裂的傾向。這樣的自我不僅在正常的意義下易受傷害——就像所有的自我一樣——它們更是脆弱而過度防衛。它們在壓力下極易破碎，並因此傾向訴諸原始（卻非常強而有力）的防衛措施，來阻絕外在世界，保護心靈免受入侵和可能的傷害。這種人無法信任別人。弔詭的是，他們在人生的道路上，卻經常令他人傷心或失望。這些人逐漸會從他們覺得有強大威脅感的周遭環境孤立出來，並在防衛的心態中過著孤獨的生活。

尚未發展成熟的自我可描述成嬰兒惱人的哭鬧，它象徵需求和滿足間的落差。自我從這裡開始發展，最終變得更為複雜。兩歲的小孩開始向每個人說「不」時，它不只面對環境的挑戰，同時也試圖改變或控制生活環境中的許多面向。那小孩的自我正忙於製造衝撞，以強化自己。那「不！」和「我不要！」的表達，乃是強化自我的練習，使它成為一個獨立的實體，以及兼具意志、意向性與控制的強力內在中心。

在孩童期即已獲致自主性的自我，也同樣會覺得意識是可以隨意管束控制的。過度焦慮者的防衛特徵，是自我尚未完全達到此一自主層次的信心指標。當自我獲得的控制，程度足以確保生存和基本的需求滿足時，更開放和彈性的態度便有可能。

榮格認為自我從環境碰撞中發展的觀念，提供了人在面對失望環境，無可避免的沮喪經驗時，一種創新看待潛能的方式。當自我試圖展現其意志時，會遭遇來自環境中相當程度的抵抗，如果這個衝撞處理得宜，自我便得以成長。這個洞見也警示我們，不要試圖提供小孩過多絕緣保護，去抗衡現實挑戰的猛烈攻擊。對刺激自我的成長而言，溫和與過度保護的環境，不是特別有用的。

心理類型

榮格心理類型理論的簡短討論，在這章中也屬於自我意識的論述。《榮格全集》的編輯們在《心理類型》一書的導論中引述了榮格的話，把此書視為「所謂臨床角度的意識心理學。」其中兩種主要「態度」（內向和外向）與四種「功能」（思想、情感、感覺與直觀〔thinking, feeling, sensation, and intuition〕），在自我從事調適的任務與要求時，對自我的方向具有強大的影響力。核心自我在選取其中某項態度與功能的本能傾向，形成了它對世界與吸納經驗時的獨特立場。

真實的衝撞喚醒了尚未成熟的自我潛能，並挑戰它與世界的連結。這種衝撞也干擾了心靈與周遭世界的「幽冥參與」（*participation mystique*）〔指自我與客體原始同一的狀態〕。一旦受到刺激，自我便必須以所有可用的方式去適應真實。榮格論理說，自我的方式或功能有四種，每一種功能可能受到內向（內視）或外向（外視）態度的引導。在自我適度的發展後，個人朝向內外世界的天生傾向，便會以特定的方式顯露出來。榮格論證說，自我具有一種先天遺傳的傾向，會偏好某個特定「類型」的態度與功能組合，並會次要的依賴另一種互補的組合以求平衡，至於第三與第四種組合則很少被用到，也因此很少存在和得到發展。這些組合構成了他所謂的「心理類型」。

例如，某人天生具有內向態度的傾向。這點首先表現在嬰兒期的羞赧，日後則發展成為偏向追求獨自完成的興趣，如閱讀和研究。如果此一傾向與運用思想適應環境的天生傾向結合，這個人自然便會尋求符合這些傾向的活動——如科學或學術研究——來適應世界。這個人在上述活動領域中表現好、有信心，而且在自然的運作中得到滿足。在其他領域，如社交活動或挨家挨戶推銷報紙等，此一內向思想傾向便不大管用，這個人便因相當難過和有壓力，而覺得若有所失。如果這個人出生在一個獎賞外向態度遠高於內向態度的文化中，或出生在一個抑制內向態度的家庭，則自我會被迫發展外向態度以適應環境。這會付出高昂代價。內向者必須承擔極大的心理壓力才能做得到。因為這種自我的調適不是自然產生的，所以旁觀者也會有人為的感覺。這不會運作得太好，但卻是必要的。這樣的人有功能障礙，就像天生外向者在內向的文化中也會跛手跛腳一樣。

人與人之間的類型差異在家庭與團體中導致許多衝突。和父母具有類型差異的孩子往往被誤解，而且可能被迫採納順應雙親偏好的錯誤類型。具有「正確」類型輪廓的孩子較被喜愛，並成為掌上明珠。這就搭起了同胞手足敵對猜忌的舞台。大家庭中的每個小孩多少在類型上都有差異，雙親通常也是如此。外向型的小孩可能會成群欺負內向型的小孩，內向型小孩則不那麼善於成群結黨。另一方面，內向型小孩較擅長隱藏。如果類型的差異可以被視為正面的價值並得到激賞，那麼家庭生活和團體政治將大為豐富。某人可貢獻之處，他人恰可獲利，因為他們沒有調轉到同一波段。對類型差異的體認與正面評價，可以形成家庭與文化生活中創新多元主義的基礎。

這種優勢功能與偏好態度的組合，構成自我適應內外世界，及與它們互動的唯一最佳工具。另一方面，最差的第四種功能是最無法為自我所用的。僅次於優勢功能的次要功能對自我最有用，而優勢與次要功能的組合，最常被有效的運用在方向指引與完成工作方面。就常規而言，這兩個最佳功能一個是外向的，另一個則是內向的；外向功能賦予外在真實的解讀，內向功能則提供關於內在情況的資訊。自我運用這些工具以盡可能的控制轉化內外世界。

我們對他人大部分的體驗內容，以及我們逐漸體認到確屬自己人格的大部分，並不屬於自我意識。個人表現出來的生氣，對他人與生命自發反應與情緒的回應，幽默的綻開，悲哀的心情與詛咒，以及心理生活令人困惑的複雜事物，所有這些特質與質素，將被歸因於較廣大心靈的其他面向，而不是如此這般的自我意識。所以不應認為自我等同於人的整體。自我只是個代理人，是意識的焦點和覺識的中心。我們歸因於它的因素不是太多就是太少。

個人自由

一旦自我獲致充分的自主性，以及對意識一定程度的控制，個人自由的感覺遂變成主觀真實的顯明特色。個人自由的範疇在整個童年和青少年時期一直被考驗、挑戰和擴張。通常年輕人在生活中對自我控制與自由意志的感覺，幻想的成份遠多於心理真實的成份。所有對自由的限制似乎都來自外界、社會與外在規定的強制，對自我同樣受到內在控制的情況則少有覺察。進一步的反思顯示，人被自己性格結構與內在心魔奴隸的程度，比起外在的威權實在不相上下。這一點往往在下半生才會有所領悟，屆時如夢初醒覺察到的典型內容是，自己是最大的敵人、最嚴苛的批評家和最嚴厲的主人。**命運既由內在操盤，也被外在掌控**。

榮格在意志究竟有多自由這個問題上，提供了一些能刺激思想的反省。我們在接下來的章節會看到，自我只是廣大心理世界的一小部分，如同地球只是太陽系的一小部分一樣。學習得知地球繞著太陽運行，與逐漸覺察到自我繞著本我這個較大的心靈實體運轉相似。上述兩個洞見對把自我放在中心的人而言，是困擾而不安的。自我的自由是有限的。「正如我們所說的，在意識的領域內「自我」有自由意志，」榮格寫到，「我這麼說並不具任何哲學意味，只是說明大家熟知的『自由選擇』這項心理事實，或主觀的自由感覺罷了。」自我意識在它自己的領域內，明顯擁有某種程度的自由。但這個自由的程度有多少？我們依條件制約與習慣的基礎而做出選擇的程度有多少？雖然選擇可口可樂而非百事可樂反映出某種程度的自由，但事實上這項選擇受到先存條件如廣告，以及是否有其他選項的限制。例如，我們可能鼓勵小孩在給定的三種不同襯衫間練習自由意志和做出揀擇。小孩的自我感到滿足，因為它可以自由的選擇它所要的那一個。然而小孩的意志仍受限於許多因素：取悅父母親的微妙心願，或反抗雙親的心願，可能選擇的範圍，同儕的壓力和要求。我們成人的實際自由意志範圍就像孩子的一樣，是受到習慣、壓力、選項可得性、情境條件和其他許多因素限制的。以榮格的話來說，「正如我們的自由意志必然會與外在的世界衝突，它在意識領域外的主觀內在世界，也會發現它的極限，它在那兒與本我的諸多事實發生衝突。」外在世界造成政治與經濟的負擔，但是主觀因素同樣程度的限制了我們自由選擇的行使。

廣義而言，消滅自我之自由意志者乃無意識的內容。**使徒保羅以下的告白是表達此一觀點的經典代表：「我不了解自己的作為。因為我不做自己要的事，卻做自己恨的事……。我可以欲想對的事，但卻做不到。」**對立面的魔鬼與自我衝突著。榮格同意這點：「正如外在境遇和事件『發生』在我們身上，並侷限我們的自由一樣，本我就像客觀發生的事件那樣影響著自我，自由意志是不太能改變什麼的。」當心靈凌駕於自我之上，成為無法控制的內在必然時，自我覺得被擊退，而必須接受自己無能控制內在真實的要求，正如同它在面對四周廣大的社會與物理世界時，也會獲致這個結論一樣。**大多數人在他們生命的歷程中，逐漸體會到自己無法控制外在的世界，但是很少有人能察覺到，內在心靈的過程也不受自我的控制**。

隨著此處討論的結束，我們已開始進入無意識的領域。在接下來的章節中，我將描述榮格對人類心靈無意識領域的視界，到目前為止這是心靈領域中最遼闊的部分。

情節／豐富的內在世界

Complexes
The Populated Interior

我們做夢的時間和思慮的時間一樣多，我們感覺的時刻或許比思考的時刻還要多得多。

在榮格的時代，內在世界是個未知的領域，而他發現這個領域的內容是豐富無比的。

無意識中充滿了各式各樣的情結，這是榮格在他心理醫生的生涯中，最早探索的領域。

在前面一章中，我們了解自我意識——心靈的表層——會受到個人與外在環境撞擊產生的干擾，以及情緒反應的制約。榮格認為這些心靈與世界間的撞擊具有正面功能，假如用不是太嚴苛的話來說，它們有刺激自我發展的傾向，因為它們要求意識發揮更大的專注能力，而且這項要求最終則會衍生更強的解決問題能力，以及更大的個人自主性。一個人被迫要做決定和採取立場，就會發展出處理更多同類事務的能力，而且做得更好。這就像運用等級的緊張力來練就肌肉一樣。自我經由許多此類與世界充滿活力的互動而成長。從他人和許多環境因素而來的危險、誘惑、煩惱、威脅和挫折，都引發了意識某種程度的專注能量，而自我被動員來處理此一動盪不安世界中的這些層面。

然而，還有其他的意識干擾與環境因素沒有明顯的牽繫，而且也和可觀察的刺激毫無關聯。造成這些干擾的因素主要不是外在的，而是內在的衝擊。人有時會為了極不明顯的原因而喪心病狂，或者他們擁有匪夷所思的內在想像經驗，而造成不可解釋的行為模式。他們變成精神病、幻想、做夢、或真的瘋了、或熱戀、或狂奔亂跑。人類並不總是做出理性的行動，也不總是依照個人利益的清楚計算來表現。做為許多經濟理論基礎的「理性人」，在最好的情況之下，也只不過是人類真實行為功能的部分描述而已。人類是被心靈的動力所驅使，是被思想所激發，這些都不是奠基於理性的過程，而是受制於意象和影響力等超越可觀察環境中能被測度的事物。簡言之，正如我們是理性與適應環境的動物一般，我們也是感情與受意象驅使的動物。**我們做夢的時間和思慮的時間一樣多，我們感覺的時刻或許比思考的時刻還要多得多**。至少，許多思考活動是被感情所矇蔽和形塑的，而且我們許多的理性計算是激情與恐懼的奴僕。正因為要了解人類本性中此一較不理性的部分，使得榮格採用科學方法的工具，窮盡畢生精力研究是什麼因素塑造激發了人類的感情、幻想與行為。**在他的時代，內在世界是個未知的領域，而他發現這個領域的內容是豐富無比的**。

觸及無意識

讓我們暫時把心靈想像成像是太陽系一般的三度空間物體，也就是我們生活的陸地，至少在我們清醒的時候是如此。環繞在地球四周的空間滿佈著大大小小的衛星與流星。這個空間就是榮格所謂的無意識，而當我們向外冒險進入這個空間時，首先遇到的事物，是他所謂的「情結」。**無意識中充滿了各式各樣的情結，這是榮格在他心理醫生的生涯中，最早探索的領域**。他後來稱之為「個人」無意識。

他甚至在仔細觀察自我情結和意識本質之前，就開始勾勒此一心靈區域的構圖。

他早期的探索工作，是運用二十世紀將臨時，受到高度重視的科學工具——「字詞聯想實驗」——後來他也運用某些從弗洛依德早期著作中得來的洞見。在心理過程受無意識決定的概念和「字詞聯想實驗」的武裝下，榮格領導一個研究團隊進行謹慎控制的實驗科學計畫，來檢視是否這些無意識的心理因素，能夠得到經驗上的實證。

該項計畫的成果收錄在由榮格編輯的《字詞聯想研究》（*Studies in Word Association*）一書中。這些研究是在蘇黎世大學精神醫院進行的，並得到他的老師布雷勒（Eugen Bleuler）的支持與鼓勵。這個計畫在一九〇二年醞釀誕生，並持續有五年之久。研究的成果只刊登在一九〇四年到一九一〇年的《心理學與神經學期刊》（*Journal für Psychologie und Neurologie*）上。就是在這些實驗研究的過程中，榮格開始使用「情結」一詞。這是他從德國心理學家習恩（Ziehen）借用來的名詞，但是通過他自己眾多的研究和理論化的努力，卻擴大豐富了該詞的內涵。這個名詞後來被弗洛依德採用，也被心理分析學派使用，直到弗洛依德與榮格終結了彼此的關係為止。此後這個詞彙，連同榮格和任何「榮格學派」的事物，幾乎完全從弗洛依德的字典中消除掉。

情結理論是榮格對無意識及其結構之了解，所做的最重要早期貢獻。它可以被看成是榮格對弗洛依德當時已經寫作內容的概念化方式；這些內容包括弗洛依德對壓抑的心理後果、幼兒期對人格結構持續的重要性，以及心理分析中抗拒現象的謎團等層面所作的論述。這個概念一直到今年在分析的運用上仍然非常有用。他最初是如何發現並勾勒出無意識這項特色的呢？

問題是，我們如何超越意識的障礙深入心中。意識可單純的經由詢問問題和記錄反應來研究,也可以通過內視（introspect-ing）來進行。但是我們如何才能更深刻的進入主觀世界，同時探索它的結構與運作呢？為了要回答這個問題，榮格和一組精神科駐院醫師組成的團隊，設定了一系列有關人類主體的實驗，來檢視是否能夠發現心靈潛藏結構的證據，求證的方法是用一大串語言的刺激疲勞轟炸心靈，然後觀察意識的反應，也就是所謂細微情緒反應的「軌跡」。在與他的同僚布雷勒（Bleuler）、威林（Wehrlin）、魯斯特（Ruerst）、賓斯溫格（Binswanger）、南柏格（Nunberg），以及最重要的呂克林（Riklin）緊密合作的情況下,榮格首先依據字詞的目的將「字詞聯想實驗」加以精緻化，並確定四百個日常生活中顯然屬於中性的普通刺激字詞，如桌子、頭、墨水、針、麵包和桌燈等。散佈在這些中性字詞間的是那些比較具有挑釁性的字詞，如戰爭、忠貞的、敲擊、撫摸。這個數字最後降低到一百。這些刺激的字詞一個個的讀給受測者聽,然後受測者要依據心中浮現的第一個字詞反應,由此可以萃取出許多不同的反應。有可能是漫長的停頓、無意義的反應，諧音和「鏗鏘」（klang）的反應、甚至各種可由「心理刺激測量器」（psychogalvanometer）測得的生理反應。

榮格感興趣的問題是，當做為刺激的字詞說出來時，在受測者的心靈中發生了什麼狀況？他留意情緒的變化，特別是焦慮被刺激的徵兆，和它對意識的影響。反應時間的長短連同逐字的反應，都被計算和記錄下來。然後所有做為刺激的字詞被重覆一次，受測者則被要求重覆先前的每一個反應。結果也再度被記錄下來。測試結果的分析首先是計算受測者平均的反應時間，然後在跟所有其他的反應時間比較。有些字詞需要一秒鐘的時間引出反應，有的則需要十秒鐘；有的或許在受測者心理一片空白的情況下，毫無反應產生。其他的反應類型也被記錄下來，有些字詞會被歸類成屬於獨特的反應，譬如諧音、沒有意義的話，或是不尋常的聯想。榮格把這些反應視為是「情結指數」，也就是焦慮的徵兆和對無意識心理衝突做出防衛性反應的證據。它們向榮格透露了有關無意識性質的何種訊息呢？

情結

榮格假定意識的干擾，也就是被記錄測量成為對那些語言刺激的反應，乃是因為對所讀字詞做出無意識的聯想所致。在這一點上，他的思考和弗洛依德在《夢的解析》（*The Interpretation of Dreams*）中所表述的想法是貫通的。弗洛依德在《夢的解析》中論證說，**夢的意象可與前日（甚至於前幾年，以至於回溯到較早的嬰兒期）的思想與感情連結起來**。不過，這些聯想是十分幽晦而隱密的。榮格認為這些聯想不是存在於刺激與反應字詞之間，而是存在於做為刺激的字詞與隱密的無意識內容之間。某些做為刺激的字詞激發了無意識的內容，而這些內容又與其他的內容相關。當受到刺激時，這個相關聯物質（由壓抑的記憶、幻想、意象和思想所產生）的網絡便在意識中產生了干擾。情結指數是干擾的徵兆，究竟是什麼造成了干擾，仍然需要進一步搜尋出來，而這個工作是通過進一步對主體提出質疑來完成，如有需要並輔以更多的分析。但是由此一實驗所記錄的干擾，提供了進一步探索的關鍵地帶，同時也對無意識結構確實位於意識層級之下提出了證據。當事人最初往往不知道為什麼某些字詞會引起這樣的反應。

榮格發現意識流中可測度的干擾，有時與似乎無害的刺激字詞，如「桌子」或「穀倉」有關聯。在對反應的模式加以分析後，他發現顯現干擾的字詞可依某些主題將它們羅聚起來。這些羅聚的詞群指向相同內容，當受測者被要求談論他們與這些刺激字詞群的關聯時，它們逐漸能夠讓榮格了解到受測者過去某些情緒高度激昂的時刻。通常創傷會參雜其中，結果做為刺激的字詞引發出許久以來已被埋藏在無意識中的痛苦聯想，而這些充滿壓力的聯想正是干擾意識的原因。**要對造成意識干擾負責的無意識**

內容，榮格稱之為「情結」。

在確立了情結存在於無意識後，榮格有意對它們進一步加以檢視。有了像「字詞聯想實驗」的工具，他能夠相當準確的測量它們。確切的測量能夠把模糊的直觀和臆測的理論轉化成資料和科學。這點讓深具科學氣質的榮格感到非常高興。榮格發現他能夠測量某個情結所釋放出來的情緒能量，只要他把情結產生的指數量和這些干擾的嚴重性相加起來，就可以做到。對他而言，這就指出了圍聚在情結四周之心靈能量的相對數量。對無意識的研究因此可以被量化。這方面的資訊對治療而言也很重要，它可以當作一個指引告訴我們病患最嚴重的情緒問題在什麼位置，以及需要採取何種治療方式。它對短期的心理治療特別有用。

榮格的實驗成果使他深信，在意識之外確實有心靈的實體存在，相對於自我意識，它們就是衛星般的物體，但是卻能夠以出人意表或雷霆萬鈞的方式，造成對自我的干擾。它們是可以突如其來嚇人的小精靈和內在鬼神，當然，由情結造成的干擾，應該和由外在環境壓力所帶來的干擾加以區分，儘管它們可能往往確實彼此關係密切。

當榮格在一九〇六年四月把他的《字詞聯想研究》寄給弗洛依德時，弗洛依德立刻有一種深獲我心的親切感，並且寫了一封熱忱的感謝信給他。一年後兩人會面，從那時起，直到他們最後在一九一三年早期終止彼此的聯絡為止，他們的關係在感情與智識上，皆充滿了崇高的目的與熱烈的互動。有人會說，他們成功的刺激了彼此的核心情結。當然，他們因彼此對無意識的共同興趣而深深的結合在一起。對榮格而言，他個人與弗洛依德的關係，對他精神醫師的生涯和他自己後期心理學理論的發展，都有極大的意義。他的職業生涯與理論，都是在弗氏的文化地位陰影下形塑的。儘管如此，榮格對內心世界的最後構圖，明顯的是獨立於弗洛依德的影響之外的。榮格的心智基本上是非弗洛依德式的，而且他的心靈地圖完全不同於弗洛依德。對熟悉弗洛依德作品的讀者而言，這點在本書剩餘的章節中會愈益明顯。這兩個人是生活在完全不同的理智世界中。

到了一九一〇年，榮格在情結方面的理論工作大體完成，在往後的日子裡，雖然他繼續對這個概念做若干的衍義，但是除了補充每一個情結中包含的原型（也就是與生俱來或原始的）外，他並沒有對情結的基本概念增加多少新材料，也沒有改變他的想法。他在一九三四年發表的論文**〈情結理論的回顧〉**（A Review of the Complex Theory）提供了非常精彩的摘要。該文係榮格與弗洛依德分道揚鑣許久之後所作，他對先前的師長、同僚與心理分析給予極高的讚譽，因為他體認到弗洛依德對他的情結理論研究深具意義。假如在榮格理論當中可以找到弗洛依德的重大影響，那就是在這裡。

值得注意的是，榮格是在一九三四年五月於德國柏紐罕（Bad Neuheim）舉行的第七屆心理治療大會上發表〈情結理論的回顧〉一文。當時榮格為贊助該次會議的國際心理治療醫學協會的會長。德國當時的政治情勢充滿衝突與混亂。剛剛取得政權的納粹政府攻擊猶太裔的弗洛依德，把他視為必須從德國文化中驅除的毒素。弗洛依德的書籍被焚燒，他的觀念也被激烈的反對。曾任該組織副會長並於一九三三年接受會長任命的榮格，遂面臨一系列複雜而危險的政治抉擇。另一方面，當時是在德語系國家出任組織領袖最糟糕的時刻。納粹像老鷹般監視著任何偏離其種族政策的微細徵兆。醫學協會也不例外。榮格承受極大的壓力，要對德國官員言聽計從，並符合他們的相關要求。此外，當時也是非德裔心理學家能夠在這個國際協會做出改變的時候。榮格決意維繫這個組織，使它成為一個國際醫學協會。他擔任會長的第一個措施就是修改章程，使德國猶太裔醫生能夠以個人會員名義留在協會中，儘管他們從所有的德國醫學協會中被驅逐出去。在一九三三年那個時候，根本無法判斷納粹領袖的邪惡勢力會變得多強大和無遠弗屆。

然而，就這事件隱而不彰的另一面而言，這同時也是榮格職業生涯大展鴻圖的機會。弗洛依德過去十年在德國的精神醫生與心理學家中，已經樹立了名望，現在榮格的觀念有機會可以走上檯面。他現在正走在道德的鋼索上。世人目不轉睛的注視著，他在這個時期的每個動作都對公共意見造成影響。榮格在一九三三年接受此一醫學組織會長職務，以及到一九四〇年為止他在該組織中所扮演角色的決定，一直是造成往後許多熱烈討論的因素。對榮格同情希特勒政策，以及納粹「淨化」德國種族計畫的指控，在他擔任會長最初幾年的所言所行中，可以找到重要的證據；但或許這些言行並非出於他的本意，也或許是在嚴酷政治壓力下促成的。

對榮格有利的一項證據是，他在一九三四年於柏紐罕確實發表了這篇名為〈情結理論的回顧〉一文，原因是他在這篇會長就職演說中，並沒有忽視弗洛依德的重要性。事實上，他對這位已斷交且二十年來不曾通信的早年師長，已在合理的範圍內盡可能肯定他對自己的影響。在一九三四年的德國，即使以緩和的正面語調稱頌弗洛依德，也是極具勇氣的。榮格如果有保護弗洛依德的國際聲譽的話，得歸功於他在這篇文章中對後者推崇備至。

這篇文章從榮格執業早期所贊助、執行的字詞聯想研究的討論開始。因為此時他已經對人類在臨床及其他類似場合，彼此如何互動有了相當多的了解，所以他開始把重點放在實驗情境的心理層面上。他指出，這個實驗情境本身已經導出情結的「聚合」(constellation) 現象。不同的性格彼此影響，而當它們開始互動時，某種刺激情結產生的心靈場域，就在它們之間建立了。

「聚合」這個詞在榮格的著作中常常出現，而且是榮格心理學的重要術語之一。

這個字最初往往讓讀者一頭霧水，它通常指的是某種心理能量被激發的時刻，也就是意識已經被某個情結干擾，或正要被干擾的時刻。「這個名詞所要表達的意思是，外在的情境引發了某種心靈的過程，在此過程中特定的內容聚合起來，並準備付諸行動。當我們說某人〔心靈〕已經『聚合』，意思是，他已經就定位，並預期會以非常確定的方式反應。」只要我們知道某人特定的情結為何，情結反應就頗能預測。心靈中充滿情結的區域，我們在口語上稱之為「樞紐」，就好像我們一般說「他知道如何操控我的樞紐。」當你按下這個樞紐，你就會得到某種情緒上的反應。換言之，你聚合了某個情結。當你和某人相識多時後，就會知道他的某些樞紐，你要不是避免觸碰這些敏感脆弱地帶，就是不顧一切的觸碰它們。

在經驗的層次上，每個人都知道〔心靈〕聚合的意思，它在光譜的量表上，可以從輕微焦慮到失態，甚至到臻於極致的瘋狂。當某個情結聚合起來後，當事人便會受到情緒和某種程度行為失控的威脅。當事人會不理性的反應，而且往往事後懊悔或有所覺悟。對於這種心理狀態的了解，是令人沮喪的一件事，因為當事人在此之前已身歷其境多次，在許多場合正是以這種方式反應，然而要在這次有所節制，不做出同樣的反應，卻完全無能為力。當情結聚合成形時，當事人就像被比自己意志強大的力量——魔鬼——掌控一般。這就產生了無力，即使當某人注意到自己成為內在驅力的愚蠢受害者、說出或做出某些自己知道不應說或做的事情時，整個事件還是依預料的情節展現出來，而且所言所行皆已成難收覆水。某種心靈間的力量在聚合的情境中，被引發出來。這些聚合力量的結構「是各自挾帶特定能量的情結」。情結的「能量」（這個名詞將會在下一章做更完整的討論）所指的是，圍繞在情結磁樣般核心四周的感情與行動潛能的確切數量。情結具有能量，並且呈現出某種屬於它們自己的電子「迴旋」，就像電子繚繞在原子核的周邊一樣。當它們受到某種情境或事件的刺激時，便會迸發出能量並逐級跳躍，直到觸及意識為止。它們的能量貫穿自我意識的外殼，並像洪水般流入，因此促使它朝同一方向旋轉，並發散出某些由此一碰撞釋出的情緒能量。當這個情況發生時，自我不再能完全控制意識，或因此不能完全控制身體。當事人遂受制於非自我所能控制的能量之流。假如自我夠堅強的話，它所能做的便是包藏某些情結的能量，將情緒與生理的突發狀況降到最低。但是就某個程度而言，當受制於情結時，我們沒有一個人需要對自己的所言所行負完全的責任。毋庸置疑的是，這無法構成法庭中有效的辯護。有時社會的要求標準比心靈能夠做到的還高。

心靈的複雜情結（譯註：原文為 complexity，作者刻意突顯與情結 complex 的一語雙關），至此愈發明顯，榮格的理論有時候被稱為情結心理學（而不是通常所謂的分析心理學）：複雜性與情結的概念都是他對心靈的基本觀點。心靈由許多核心所構成，每一個核心都各自擁有能量，甚至某種意識和它們自己的目的。

在這個將人格概念化的過程當中，自我是眾多情結之一。每個自我都擁有它自己定額的能量，當我們說到自我的能量時，我們稱之為「自由意志」。假如我們想要指出受到情結束縛的能量額度，可以說它是內在鬼魔的力量。這些鬼魔是可以擄獲我們，並多少能隨心所欲影響我們的非理性強制。情結一般是在意識的範疇內產生效應，但並非總是如此。榮格注意到情結可以影響周遭世界中的事物或其他人。它可以像一個調皮吵鬧的妖怪般對他人造成某種微妙的影響。

榮格對情結另有一項有趣的觀察。個人有時可以阻隔刺激的效應，並排拒情結的聚合：「具有強烈意志的人，能夠透過語言動力的機制，在短暫的反應時間內，過濾掉某種刺激喚起的意義，以便使它完全無法送達意識主體，不過這只有在極端重要的個人秘密需要被保護的情況下，才能成功。」這表示可以刻意過濾掉刺激物，來控制它們的無意識反應。為了要克服測試情境中的這項障礙，榮格因此發展出測謊器試驗的前身。這是由「字詞聯想實驗」所設計出來的精巧發明。

用「心理刺激測量器」測量皮膚的電流傳導性，榮格指出傳導性的變化與情結指數相關，換言之，當某人說謊或試圖掩飾由情結引發的反應證據時，自我也許可以掩飾某些指標，但是要壓抑比較細微的生理反應，卻大為困難。要對情結刺激的字詞或問題做出反應，個人或許會手掌冒汗、開始顫慄或經驗到口乾舌燥的現象。藉由皮膚傳導性的測量，榮格引介了一種比較精緻的收集情結指數方法。運用這種設計，榮格便能夠在他的精神醫院裡，破解搶劫的疑案。當然，這個方法不是萬無一失。

大多數人的自我，通常都能夠在某種程度內淡化情結的效應。這種能力對適應或甚至生存有所助益。這與意識分裂的能力相近（或者也許相同）。假如個人無法做到這一點的話，那麼自我在最需要保持頭腦冷靜的危險時刻，便會喪失功能。在專業的生涯中，為了履行職務而把個人的情結放在一邊是很重要的。當心理治療師在診治病患時，必須能夠把他們自己的感情與衝突擱置一旁。為了協助生活一團亂的病人，即使此刻心理治療師的生活正處於混亂的狀態，他也必須保持冷靜。所有的專業都要求：不論個人生活發生了什麼狀況，工作都要能完成。就像劇院裡流行的一句話，戲還是得演下去。這必須至少具備在某種程度內，化解情結對自我意識的效應。在討論包藏個人焦慮與情結反應的能力時，榮格把外交官托勒瑞（Talleyrand）視為精通此道的翹楚。外交官依據政府高層指示行事，而所使用的外交辭令卻又極少違背他們自己的情感與偏好。他們對以隱藏情緒和情結指標之辭令說話的藝術推崇備至。他們比常人更具備毋需接受測謊的優勢。

無意識的層級

通常我們會把情結認為是「個人的」。而大多數的情結也確實是在個人自己的特定生活歷史中產生，並專屬個人所有。不過，也有家庭和社會情結。這些情結之於個人就像個人身上的疾病一樣。它屬於集體，而被個人「感染」。這表示就心理的意義而言，社會中許多人擁有相同的結構。在同一個家庭、衍生出的血親團體或傳統文化中成長的人們，便共有此一相同無意識結構的絕大部分。即使在像美國這樣廣大分殊的社會裡，許多典型的經驗便為所有住民所共享。幾乎每一個小孩都會在五到六歲的年齡開始上學，經歷同樣的考試壓力與失敗羞辱的創傷，然後為了進階教育或就業，又經歷申請大學和謀職的焦慮。在權威下擁有類似性向的個人手中，所有這些共同經驗透過某種對個人無意識的微妙規劃，而產生了具有社會基礎的心理類型。**共有的創傷促成共有的情結。有時候這些情結是具有世代性的。早年人們往往會提及「蕭條心態」，那個生長在一九三〇年代並共同經歷「經濟大蕭條」創傷人們的特質。今天我們會說「越南老兵」，認為所有參加過這場戰役的人，多少都因參戰的創傷而分享相同類型的情結樣態。**

我們可以在此想像有一個文化的無意識層級，也就是某種文化的無意識。它是個人的，因為它是在個人的生命過程中獲得的，但是它也是集體的，因為它被某個團體所共享。這個層級的無意識是由較大的文化模式與態度所建構，而這些模式與態度到頭來又影響個人的意識態度，以及一組無意識文化假設中更為特殊的情結。（文化無意識與集體無意識不同，這點我們會在第四章加以討論。）

這就針對**情結如何形成**提出了有趣的問題。一般的答案是，**由創傷造成的**。但是這必須放在更廣的社會系絡中才行。榮格對字詞聯想的某些研究，注意到家庭對孩童無意識內容形成影響的問題。通過「字詞聯想實驗」，他在母女、父子、母子等家庭成員間，發現強而有力的證據，說明他們彼此的情結樣態模式極為類似。在這些組合中，最接近的就是母女關係。她們對刺激的字詞所做的反應，幾乎顯現出完全一致的焦慮與衝突。榮格據此做出結論，認為無意識的形塑受到家庭環境中親密關係的重大影響。究竟上述情形如何發生，榮格的研究並未清楚交代。它是經由某種傳輸作用產生的？還是因為重覆世代遺留下來的類似創傷而造成的？這並沒有被回答。

後來在孩童的發展過程中，這些早期的心靈結構由於暴露在較廣的文化中，而被大幅度修正。心靈持續不斷的暴露在社會與文化的刺激中，如電視與學校的影響，便成為孩童後期發展階段的一項要素，而這就降低了種族與家庭文化對心理的影響，至少在像美國這樣的多元社會中是如此。當同輩團體變成重心，它便會重新催生重要的結構元素，不過其中許多元素是來自於普遍存在的文化模式。但願早期由家庭形塑的情結並未從心靈中消失。戀母與戀父情結持續在個人的無意識中掌控。它們是難以扳倒的巨人。

心象

要一探情結基礎結構的究竟，就必須把它分解成細部來說明。「那麼就科學的意義而言，什麼是帶有感情色調的情結呢？」榮格問道。「它是由帶有強烈情感的某種心靈情境所呈現出來的意象，而更重要的是，它與意識習慣的態度無法相容。」此處的關鍵字是「意象」。對榮格而言，這是一個極端重要的詞彙。意象充分說明了心靈的本質。有時榮格會用拉丁字*imago*而非英文字image來指稱情結。「母親意象」就是戀母情結，與實際的母親有所區別。重點是，情結為意象，而正因如此它基本上是屬於主觀的世界。它是由所謂的純粹心靈力量構成，雖然它也代表一個真實的個體、經驗或情境。它不應被誤認為客觀的真實，也就是另一個真實的個體或物質的身體。**情結是內在的事物，而其核心則是意象。**

令人驚訝的是，在心靈意象與外在真實之間，可能存有某種密切的對應關係，即使心靈並未被它烙印，或者也未從經驗中把它記錄下來。著名的動物行為學家勞倫斯（Konrad Lorenz）研究某些動物回應特定刺激時的反射本能。例如，從未接觸過老鷹的小雞，當老鷹凌空而至、鷹影籠罩地面時，就懂得逃跑找尋掩蔽物。用某種電動機子投射出類似老鷹的影子，動物行為學家發現，未受過訓練的小雞一看到影子就奔逃掩蔽。對獵食者的防衛性反應是小雞生理系統的本能，而獵食者的影像也是與生俱來、毋需學習就認得的。

情結也以類似的方式運作，只是它們對人類的影響，似乎只有到接近本能而非真正本能的程度。說它們以類似本能的方式表現，是因為它們對特定的情境或人物會產生立即的反應，但是和本能不同的是，它們不完全是與生俱來的。它們大部分是創傷、家庭互動與模式、文化制約等經驗的產物。它們綜合了某些榮格稱為原型意象的原生要素，構成了情結的全體。**情結是心靈在消化經驗、將它重建為內在客體後的殘留物。情結之於人類的功能，就像是本能之於其他哺乳動物一樣。從某種角度而言，意象或情結建構了人類的本能。**

夢境是由這些無意識的意象或情結所造就的。榮格在許多地方把情結說成是夢的建築師。經過一段時間後，夢境會呈現出意象、模式、陳跡和主題，而使我們了解某人情結的形貌。

「這個意象擁有強大的內在黏結力，有它自己的整體性，此外還擁有相當高度的自主性，因此，它使得意識心靈的控制侷促在有限的範圍內，於是表現得像是意識領域中的某種外來活體。」意象的每一項特色，不論是它的內在黏結力、它的整體性或是它的自主性，都是榮格對情結定義的重要層面。情結擁有心靈實體性，它是穩定而長期存在的。不受自我意識干預影響而留存在自己的空間中，**情結基本上不會有太大的改變。我們可以從個人生命中，同樣情緒反應與釋放模式的不斷重複，以及所犯的同樣錯誤和同樣不幸的選擇，見證這項事實**。

分析之舉是試圖揭發情結，並使它們暴露在自我的意識反思下。這個干預可以某種程度改變它們。在分析中個人了解到情結如何作用、是何種因素促使它們聚合、以及怎樣防止它們無止盡的重現。如果自我缺少這種干預，情結就會像外來活體一樣的運作，或者像被感染肆虐般猖狂。**受制於情結的個人會覺得非常無助，而且情緒完全失控**。

一般而言，情結聚合的心理效應在刺激釋出並衝擊心靈後，會延續一段相當長的時間。「某些實驗研究似乎指出，〔情結的〕強度或活動曲線具有波浪型的特質，每段『波長』可達數小時、數天或數週。」激發情結的刺激或輕或重，或長或短，但是它對心靈的效應可以延續一段相當的時間，而且可以波浪式的情緒或焦慮進入意識當中。有效的心理治療徵兆之一是，情結引發的干擾所持續的時間較先前短暫。情結引發的干擾獲得較快速的復原，顯示漸增的自我力量與心靈質素的整合，以及情結力量的遞減。持續時間的縮短表示情結的力量已經減小。然而我們必須了解，情結不可能完全被消除掉。情結「後續震撼」的波狀效應令人筋疲力竭而乾枯。強有力情結的釋放可以消耗掉巨大的身心能量。

人格斷面——次級人格

情結也可以被視為是人格的斷面，或者是次級人格。每一個成人的性格都有分解的危險，因為它是由或大或小的斷面所構成的。它們可能會脫膠分離。「我在有關情結方面的研究發現，證實心靈有可能分解的不安情況，因為基本上斷裂的人格與情結沒有任何不同。它們具有共同的基本特色，直到我們正視碎裂意識的細節問題時，才會有所分野。人格斷面無疑地擁有它們自己的意識，但是這些微小的心靈斷面情結，是否也能夠意識到它們自己，卻是一個仍然未解的問題。」榮格在此卻對正常的意識分裂、比較嚴重的分裂性精神失常，以及多重人格的精神失常之間的差別，提出了一個重要但卻極微妙的問題。

每個人偶爾都有可能會分裂，也許是經驗到輕微的意識轉變狀態，或者為了要維持正常功能，而從創痛的經驗中割裂出來。**存在於「情結的狀態中」本身就是一種分裂的狀態**。自我意識受到干擾，而且依據干擾的程度，有可能陷入一種相當失常混亂的狀態。因為情結擁有某種屬於它們自己的意識，所以「置身於情結中」的人，就是處於一種被異化人格擄獲的狀態中。在多重人格精神失常的例子中，這許多不同的意識狀態沒有被統一的意識凝聚起來，而且自我無法將各個斷層碎片間的心靈空間連繫起來。在這種情況下，自我受制於意識的斷面，此時每一個情結都擁有它自己的自我，或多或少獨立的運作。每一個部分都有它自己的屬性，而且甚至有它自己控制身體功能的方式。某些多重人格的研究顯示，每一個次級人格中都有令人驚訝的身心關聯存在，以至於在某個人格中所顯現的生理功能或障礙，不會在其他的人格中展現出來。某項人格可能對吸煙過敏，另一項人格則可能是一個老煙槍。

多重人格代表的是一種人格分裂的極端形態。心靈中原本有利的綜合過程受到嚴重兒時創傷（通常是性方面的）的影響而不能發揮作用。不過**每個人多少都有多重人格的傾向，因為每個人都有情結**。其間的差別是，正常人的情結是臣屬於整合自我下的一種規律，而且當情結聚合時，自我意識仍然得以保存。一般而言，情結所具有的能量較自我為少，而且它們的自我意識僅止於最低的程度。自我相對的擁有相當多的能量可以為其所用，而且是意識的首要中心。

當自我需要對絕大部分我們稱為動機和目的的作用負責時，其他的情結似乎也擁有不同的目的與意志。這往往與自我情結在某一特定時刻要做的有衝突。榮格把情結描述成是，「我們無力抗衡的夢境主角，他們是丹麥民間故事中生動描述的矮精靈，故事中牧師試圖教導兩個矮精靈如何誦念主的禱詞，他們竭盡所能、極為痛苦的跟隨牧師覆誦禱詞，但是他們無法避免說出的第一句話卻是：「我們的父，不在天堂。」誠如人們可能基於神學的理由而認定，這些惡作劇的情結是孺子不可教也。」這個故事的寓意是，情結無法依照自我要它們做的方式去做。它們是無可救藥的。它們像是創痛經驗意象的冰凍記憶。而且它們不僅僅只在夢中被經驗到，在日常生活中也是如此，而且它們讓自我感到無力的程度也是一般無二。

情結的結構

榮格進一步把情結的結構描述成，由創痛時刻的相關意象和冰凍記憶所組成，它們埋藏在無意識中，而且不是自我能夠輕易發掘出來的。這些是受壓抑的記憶。把情結中許多相關的要素交織在一起，並固執於特定處所的是情緒。它是膠著劑。更進一步說，「帶有感情色調的內容，也就是情結，是由一個核心要素和許多聚合在周邊的聯想所組成的。」核心要素是情結所奠基的首要意象與經驗，也就是冰凍的記憶。不過這個核心卻由兩個部分所構成：產生創痛的意象或心靈痕跡，以及與此緊密相關的本具（原型）意象或心靈痕跡。情結中的二元核心藉著把各種聯想羅聚在它的四周而成長，這個過程可以持續一生。譬如，某君用他特定的聲調、他對人生反應的方式，以及他情緒反應的強度等等，來喚醒某女士對她嚴厲而暴虐父親的記憶，那麼他會聚合該女士的父親情結是可想而知的。如果該女士與某君互動一段時間，那麼其他的質素便會附加在那個情結上。如果他虐待她，那麼負面的父親情結便會更進一步的深化、強化。而她則會在父親情結聚合的情境中，表現得更加反動。逐漸的，該女士會完全避免與這類男士相處，或者她有可能非常不理性的被他們吸引。不論是哪一種情況，她的生活越來越受到這個情結的限制。情結愈強，它們限制自我的選擇自由範圍就愈大。

此一情結如果能夠在日後的經驗中獲得修正，對個人當然是有利的，而且心理治療的療癒潛能正有賴於此。治療涉及某種冰凍記憶意象的消融，它可以對人格做某種程度的重建，因為移情作用可以允許治療師在不同的治療階段，切入扮演父母雙親（以含定量的動能，而有了能量它就可以把其他相關的意象捲入形成一個網絡。因此，情結的內涵為之豐富，而且會因日後類似的經驗延展。但是並不是所有的創傷都具有外來的性質，或者因為與環境摩擦碰撞而受苦。也有大體上產生自個人心靈內部的創痛。**榮格指出，情結也可能是基於「人類終究無法成為完人的道德衝突」所造成或觸發的。**我們社會中變動不居的道德態度，使得個人在許多情境中無法完全肯定生命的全體。我們必須否定自己真實的感情，無法暢所欲言，以便能順利行事，甚至苟延殘喘。為了適應社會而做出如此調整，遂製造出社會面具，也就是排除個人基本成分的「人格面具」（persona）。總體而言，人們比較願意被納入他們的社會團體中，那些言語魯莽或不符合團體標準的人，很可能會被驅除掉或邊緣化。這種社會性的兩難使得個人陷入榮格所謂的道德衝突中。在這個問題的最深層，道德的無上命令是要成為全體。假如社會與文化的拘束，過度嚴厲的強加這個朝向全體的驅力，那麼人性便會加以反抗，而這是情結的另一個來源。

這是弗洛依德在維也納所提出的議題；維也納是一個官方對性採取禁制態度，但對其性風俗卻相當偽善的社會。弗洛依德證實環繞著性慾的衝突，如何變成根深柢固的心理模式，並造成了精神官能症。根植於人類本能構造的性，變得與社會不容，因此從意識分離出來，受到壓抑。這造成了性的情結，相關的創傷圍繞其四周。基本上，使得性壓抑成為病態泉源的，乃是人類有機體去追求它本有整體——其中包括無法禁止的性在內——的強制。誠如弗洛依德所論證的，並非個人與社會衝突的本身產生精神官能的問題，心靈中一方面要否定，但另一方面卻要肯定自己的道德衝突，才是主因。

情結的爆發

情結具有突然在瞬間爆發侵入意識，並掌控自我功能的能力。然而看起來極端迅速的情況，卻並非如此單純。如果我們能足夠仔細的觀察最近剛過的一段時間，往往會發現有某種微細的觸發事物存在。舉例而言，精神官能式的沮喪可能看起來是內因性的，直到個人遭遇到啟動它的細微挑釁為止。當自我以這種方式被擄獲時，它就被情結及其目的同化，結果就是我們所謂的「行為脫軌」。行為脫軌的人往往未能察覺事實的真相。他們只是「過癮」罷了，而其行為似乎與自我是一致的。但這就是被擄獲的本質，自我矇蔽的認為它正自由的表達自己。只有在回顧時當事人才能了解，「我真是吃錯藥了，竟然幹出這種事來。我不知道當時自己怎麼回事！」假如旁人試圖指出某人的表現脫離常軌，通常的反應會是憤怒的防衛。自我處於被擄獲狀態的人，不會輕描淡寫的接受這樣的反饋。榮格說，在中世紀這種與情結同一的現象「另有其名；它被稱作神靈入侵。恐怕不會有人認為這種狀態是無害的，而且在這點上，因情結而說溜嘴的現象與最瘋狂的褻瀆行為，基本上是沒有差異的。」其間的差異只是程度問題。心靈被擄獲的程度，從短暫輕微到長期瘋狂都有。我們在心靈被擄獲的現象中所看到的是，通常不屬於自我本性與風格的人格特質，卻明顯的呈現出來。這些未知的特質早已長期在無意識中孳長，而自我突然間被這個內在的敵對力量所征服。現在當事人被魔鬼所擄獲，並且對意識原先認定為最神聖的事物加以詛咒。

具有崔勞特癥候群（Tourette's Syndrome）的人會不斷公開的做出這樣的事情，對於擁有所謂正常心理的幸運兒而言，破碎人格會以多種更為細緻的方式表現自己，有些輕鬆到幾乎無法察覺，譬如像說溜嘴、健忘等。在一個小時之內，個人可以經歷好幾種不同的意識狀態、心情、次級人格，而幾乎不會注意到其間的轉變。當我們逐步接近心靈被真正擄獲的階段時，這種細膩的情況便會轉變成比較粗糙的形式。心靈被擄獲具有比較極端而明顯的特質。要視而不見是很困難的，而且它甚至往往具有某種特殊人格形態的特質。例如，救世主情結典型的是從兒時被拋棄的痛苦經驗中發展出來的，然後在施捨仁慈與救援的行為中表現出來。然而這些特質並非整全的歸屬於自我，而是有陰晴圓缺、時有時無的傾向，因為它們根植於自我幾無控制能力的自主情結之中。這些人無論他們的善行義舉會對自己或他人造成怎樣的破壞性結果，他們都無法有所節制。這種行為實際上是受到某種情結的控制，因此並非自我所能掌控。它也多少有任意擺盪波動的傾向，會有某些無法預期或解釋的突發矛盾情況存在。有時候當事人會過度的體貼關懷，而其他時候則很粗魯冷漠甚至暴虐。其他類型的破碎心靈（情結）會爭取自我的保證。當有被擄獲傾向的自我從認同某種情結的狀態脫離出來後，它會轉向另一個情結。這另一個情結通常是與第一種情結具姊妹關係的某種陰影。具有精神向上、施與、利他等形似基督情結的特色，與物質主義和自私態度的魔鬼情結完全吻合。這兩者可能像焦孟不離般的輪流擄獲控制自我。其中一個會在許多公開的社會情境扮演正式的人格面具，而另一個則會在私密的場景控制意識的人格。這種自我是受制於榮格所謂的「逆反轉向症」(enantiodromia)。

情結是內在世界的事物。「個人生活的福禍端賴於它們。它們是在火場等候我們的家庭守護神，而稱頌他們的祥和是危險的。」這些神祇不可等閒視之。

3 JUNG'S MAP OF THE SOUL

心靈能量／里比多理論

Psychic Energy
Libido Theory

里比多是慾望與感情，也是心靈的生命之流。榮格稱里比多為「心靈的能量」。

榮格的洞見是，在人類意識的生活中，性的動機與念頭逐漸被隱喻、比喻與象徵所取代。

到目前為止，我已經依據榮格的構思與寫作，針對自我意識與情結這兩個心靈的基本結構做了描述。現在我將討論啟動這些結構並賦予它們生命的力量，也就是里比多（*libido*）。**里比多是慾望與感情，也是心靈的生命之流。榮格稱里比多為「心靈的能量」**。在前兩章裡，我常常用到能量一詞。這是心靈的動態特色。榮格的里比多理論把心靈許多不同部分間的關係，以抽象的方式加以概念化。用把心靈比成太陽系的隱喻來說，本章是談關於影響此一宇宙中不同星體的物理現象與力量。

就廣泛的哲學意義而言，心靈能量的主題長久以來已為思想家們所探討。沉思生命力、意志、激情與感情、利益與慾望的消長等問題，並非現代才有的新鮮事。西方的哲學家自赫拉克里特斯（Heraclitus）和柏拉圖以來，東方自老子和孔子以降，便已思考過這類問題。近幾個世紀的哲學家如叔本華、柏格森和尼采等，把這些問題視為是最重要的。醫師亦然，像是提出身體中有心靈之流理論的梅斯默（Anton Mesmer），便開始以更實證和準科學的方式研究心理運動和動機的主題。著名的十九世紀德國醫生暨哲學家卡拉斯（C. G. Carus）擴大而深入的臆測，認為無意識是能量的泉源，並且注意到它對意識心靈廣泛的影響。榮格提到這些人以及哈特曼（von Hartmann）、溫特（Wundt）、席勒（Schiller）與歌德，把他們視為其思想的先驅。雖然弗洛依德是里比多這個名詞的當代心理學原創者，而且榮格在里比多理論的心理分析討論中又對他推崇備至，但是弗洛依德並不是唯一影響榮格的人，也不是榮格在他關於里比多與心靈能量的大量著作中，唯一回應的對象。

事實上，心靈能量本質與流動的立場，對任何人性與靈魂哲學都是基本的要求，因為這蘊含了作者對動機，以及區隔生死的生命活動要素的觀點。動態、運動與靜止的區別是構成人類思想的一個基本範疇，而它自然會引導我們思考如何解釋這兩種存有狀態的區別。為什麼空間中的物體能運行？為什麼它們朝某一方向而不是另一方向運動？在物理科學中，這些問題進一步衍生為因果理論與運動法則，例如地心引力法則。在哲學家與心理學中亦復如是，因果、動機以及在運動中控制心靈的法則等問題也同等重要。在心理學中，它變成靈魂、靈魂本身的運動，以及其運轉其他物體力量的問題。亞里斯多德便思考過這個問題。心靈能量存在於活體而非死屍。它存在於清醒與夢寐之時，用電能來譬喻，它是造成存有「開」與「關」差別的事物。但是它是什麼呢？

性與里比多

叔本華稱為意志和視為人類活動與思想主要發動器的事物，弗洛依德稱為「里比多」。選擇這個術語稱呼它，是強調人性中感官及尋求享樂的質素。**對弗洛依德而言，靈魂基本上是由性能量來定義的。拉丁字*libido*特別適合表達他的這項看法，因為他相信性驅力潛藏在心靈生活的基底，而且是心靈活動的主要泉源。**弗洛依德的里比多理論一方面成為討論性的一種禮貌方式，不僅賦予性一個拉丁文名詞，而且使得性的討論聽起來有點醫學性。另一方面，它是對性的種種問題繼續做一種準科學和抽象討論的方式；這些問題包括，性如何推動激使個人從事許多不同的活動，以及如何在某些案例中造成精神官能的態度與行為。

弗洛依德想要爭議的論點是，性即使不是所有心理過程與行為的主要推動力，至少多數的情況是如此。里比多是啟動人體機器並使它活躍的汁液，儘管像拉小提琴或數鈔票等個人所從事的特定活動，看起來並不特別性感。甚至那些結果會使個人陷入精神官能症，以及偏執狂和精神分裂症等嚴重心理疾病的人類活動和心理衝突，其主要的驅動力與成因也是性。弗洛依德的分析最終要指出的是，所有個人與集體生活中心靈能量的顯現，至少有很重要的一部分可以歸屬於性驅力，以及它的昇華或壓抑。弗洛依德特別要證明的是，性衝突深埋於所有精神官能與精神失常疾病的底層。

早期與弗洛依德討論心理學理論和臨床醫療時，榮格對性的重要性抱持極大的保留態度，並且提出清楚的論點說，在人的生命中也許有其他的驅力作用存在。例如「饑餓」就是一個基本的驅力：

你已注意到，我對你不切實際觀點的保留，有可能是因為經驗的欠缺所致。但是難道你不認為，許多灰色地帶的現象，如果以其他的基本驅力如「饑餓」來思考，會比較恰當嗎？例如飲食與吸吮基本上是源於饑餓，而親吻主要則是源於性慾。同時存在的兩種情結總是會在心理上聚合，因此其中某項情結必然會包含另一項聚合與此的情結層面。

——《弗洛依德與榮格書信集》(*The Freud-Jung Letters*)

這個意見不同的註記，早在一九〇六年十月二十三日榮格給弗洛依德的第二封信中，就已經出現了。從他們最初合作開始，榮格對弗洛依德堅持在心理病理學中強調性衝突重要性的看法，就明顯的抱持懷疑與保留態度。在往後的歲月裡，他們對於心靈能量的驅力與來源這個主題，透過更多的書信和出版品彼此交換意見，而榮格對服膺弗洛依德立論的立場，前後擺盪不定。在多年後的自傳中，榮格寫道「在弗洛依德個性的印記下，我盡可能把自己的判斷擱置一旁，壓抑自己的批評。那是與他合作的先決要件。」在榮格的早期著作中，他的論調聽起來真像是弗洛依德模鑄的一個化約主義者。不過就文獻的記載看來，儘管榮格為了撫平他倆關係中的差異及可能的麻煩，而保留自己的意見，但是他從來不是弗洛依德百依百順的弟子，這點也是很清楚的。

結果有關如何將心靈能量概念化和如何稱呼它的論辯，變成不僅只是一個微小的技術性問題。雖然榮格早期的分歧觀點似乎流於瑣碎含糊，或是因為對弗洛依德要表達的意思有所誤解，但是其中隱含的意義卻極深刻，而且後來這些含意更進一步在哲學、理論與醫療實務方面，導致重大的異議。事實上，他們對里比多這個主題的差異，成為劃分他們兩人理論的主要分野。關鍵的問題是，人性與人類意識之意義的概念化。早先幾年這點無法像後見之明那樣清晰預見。榮格與時俱進，從弗洛依德，也從他的病人和許多其他來源不斷的學習成長。

在他一九二八年發表的精練之作〈論心靈能量〉（On Psychic Energy）中，榮格針對里比多這個主題和盤托出他深思熟慮的立論。這篇論文是本章的主要參考資料。當他在一九二〇年代中期寫這篇文章時，他已經從弗洛依德和心理分析運動分離出來超過十年之久。這篇論文具有冷靜客觀的特質，而他早期對此主題的主要著作《里比多的變化與象徵》（*Wandlungen und Symbole der Libido*, 1912-1913〔本文在一九一六年由Beatrice Hinkle以《無意識的心理學》（*Psychology of the Unconscious*）為題翻譯成英文，此標題為本書所引用〕）卻是急就章，具有熱情創造思考的標記，但卻尚未完全成形。在那篇著作中，也就是當他仍與弗洛依德密切交往，被認為是弗洛依德加冕的王子，以及國際心理分析協會會長的當然繼承人時，他攻擊里比多理論是旁枝的問題，但是在他被逐出門第之前，該文卻成為眾所矚目之作。做為歷史背景的說明，在繼續描述榮格後期論心靈能量的文章前，我將在此簡短的介紹該文。

在一封一九一一年十一月十四日給弗洛依德的信中，榮格寫道：

> 在《無意識的心理學》第二部分中，我觸及到里比多理論的基礎討論。你對舒伯（*Schreber*）進行分析而碰上里比多問題（失去里比多＝失去真實）的那段文章，是我們心理路徑橫越過的問題之一。依我的觀點，你在《性學三論》（*Three Essays*）中定義的里比多概念需要遺傳因素加以補充，才能運用到早發性癡呆症（Dem[entia] praec[ox]）上。
>
> ——《弗洛依德與榮格書信集》

榮格在這裡所指的是他《無意識的心理學》第二部分的第二章〈里比多的概念與遺傳理論〉。他在這章中所討論的問題，誠如上面引文書信所指出的，是里比多（係弗洛依德依性慾中心說，在一九〇五年的《性學三論》中所下的定義）與自我意識（*fonction du reel*，此為法國精神醫學家珍納特〔Pierre Janet〕稱呼自我意識所使用的詞彙）之間的關係。後者是從前者衍生出來的嗎？如果自我意識是對事物的性導向執著的衍生物，那麼我們就可以得出性干擾會造成自我的干擾，以及自我的干擾根植於性干擾的結論。弗洛依德（以及柏林的心理分析師亞伯拉罕〔Carl Abraham〕）想要論證的是，自我的嚴重干擾如神經病與精神分裂症等，被歸因為對客體世界喪失了性趣，因為真實世界的運作與對客體的執著，最初是由性傾向創造的。然而這是一個循環論證，榮格強烈的指出這一點。在此他對精神分裂症與精神病提出了另一種解釋，但是此一新的解釋將導致里比多理論的根本修正。

榮格從他所謂的遺傳論觀點，而非描述的立場開始探索。他依循叔本華對意志的構思，開始把里比多廣義的概念化成心靈能量。他有點遺憾的向弗洛依德寫道，「你知道我一向必須從外到裡、從整體到部分來運思，從這個廣義的觀點看來，性慾的里比多只不過是更普遍的意志或生命力量的一個分支罷了。這個普遍的心靈能量之流有好幾個分支，而在人類演化的歷史中，這些分支的某幾項在某個時期，比起其他項目要更為顯著。在人類發展的某些階段，不論是集體或個人的，性慾的里比多較為顯著而基本，但在其他時候則不是那麼重要。

更重要的是，我們可以論證說，那些一度與性緊密相關，而且清楚的被認為是性本能衍生出來的活動，通過人類意識與文化的演進後，已經從性的領域中分離出來，以至於它們與性不再有任何關係。針對這點，榮格寫道：

> 於是我們在動物身上發現了最初的藝術本能，它為創生衝動服務，而且僅限於交配的季節。這些生物機制原始的性角色，因為它們固定的有機結構與功能獨立而失去。即使音樂最初源自於性是無可置疑的，但是如果我們要把音樂納入性的範疇中，仍然會是很差勁又沒有美感的概化。那麼，類似的系統命名法便會使我們把科隆的大教堂分類成礦物學，因為它是石材所建。
>
> ——《無意識的心理學》

對榮格而言，顯然並非所有心靈活動的表現，都具有性的根源或目的，儘管在人類歷史初期它們可能曾有這樣的關聯。因為採取了演化的觀點，榮格於是臆測一度具有性意義與意向的活動，後來如何轉化成像音樂與藝術等非關性的活動。

心靈能量的轉化

心靈能量如何從簡單的本能表現，以及強力衝動的釋出（例如，因饑而食或因性慾高張而交媾）**中，轉化成為文化的表現與努力**（例如，推陳出新的高級烹飪或音樂創作）？**什麼時候這些活動可以完全脫離「本能」這個字的意義，而成為其他意義與目的完全不同的事物？**

榮格在《無意識的心理學》中論證說，這項能量的轉化，可能是因為人心本具創造比喻的能力而發生。**人類具有用隱喻思考的能力與需要，而這可能就是這項轉化過程背後的原因**。例如，狩獵就可以被「比喻成」（*gleich wie*）是找尋性伴侶，因此，這個比喻就可以被用來激發對狩獵的熱情與興奮。後來狩獵活動發展出它自己的文化意義與動機，而成就了它自己的地位。它不再需要性的隱喻，也因此不再能夠那樣具體的運用到它身上。但是某種強烈比喻的遺緒依然殘留，而這些遺緒使我們對當代文化活動，能夠做出化約的性詮釋。

因為有創造比喻的傾向，意識與文化的人類世界便與時擴增：

> 看來用這種幻想式比喻塑造的方式，彷彿更多的里比多可以逐漸減少它的性色彩，因為愈來愈多與幻想相關的事物，被歸類為性慾里比多的傑作。世界觀念的極度擴增於焉漸次成形，因為新的事物總是被吸納成性的象徵。
>
> ——《無意識的心理學》

人類活動於意識的原始世界，於是在數千年後變得更加性化，但是同時也被褪去性的色彩。說性化是因為更多性的比喻不斷的被創造，說褪去性的色彩是因為這些比喻離它們的根源日益遙遠。

榮格的洞見是，在人類意識與無意識的生活中，性的動機與念頭逐漸被隱喻、比喻與象徵所取代。然而，性動機在回歸病患的心理生活過程中，會清晰的重現，而這是弗洛依德的理論構思所依據的基礎。一般認為多數現代成人的心理生活源自性慾，儘管它與性的本身已不再有那麼深切的關聯；到目前為止的論證，榮格只是針對此一觀點在細節上加以補充，同時附加一些支持的論據罷了。他從正統的弗洛依德思想，轉變到這個觀點所呈現出來的差異，尚不致構成異端邪說。更關鍵的部分在他日後《無意識的心理學》，處理亂倫主題的最後一章〈犧牲〉(The Sacrifice) 中才顯露出來。

榮格在他的自傳中回憶說：

> 當我進行有關里比多的著作寫作，接近〈犧牲〉這一章的末尾時，我就預先知道它的出版將會使我失去與弗洛依德的友誼。因為我計畫在該文中，確立我自己對亂倫的構思，這是對里比多概念關鍵性的轉化。……對我而言，只有在極少數的案例中，亂倫純屬個人的問題。通常亂倫具有高度的宗教層面，因為這個原因，所以亂倫的主題在幾乎所有宇宙發生說和許多神話中，扮演了決定性的角色。但是弗洛依德堅持對它做字面上的解釋，而無法掌握亂倫做為象徵的精神意義。我知道他永遠不可能接受我對這個主題的任何想法。
>
> ——《榮格自傳》

為什麼榮格對亂倫的構思是「里比多概念的決定性轉化」呢？因為他對亂倫的願望不停留在字面上的解釋。弗洛依德以字面的意義，把亂倫的願望視為要與真實母親發生性關係的無意識渴望。然而，榮格卻以象徵的意義，把亂倫的願望解釋成想要停留在兒時天堂的普遍渴求。在個人面對生命中令人畏懼的挑戰，以及在充滿壓力的環境中成長適應時，這種渴望愈益明顯。人們會想要像鴕鳥般埋首沙堆，對困境視而不見。在榮格的象徵解釋裡，被渴望的「母親」便成為退縮到嬰兒期依賴、孩提時代、無意識以及不必負責狀態中的慾望。這就是許多毒品與酒精成癮背後的動機。因此，當亂倫的幻想出現在精神官能症的治療中時，榮格會把它們詮釋成對適應環境的抗拒，而不是無意識願望或此類願望兒時記憶的實際呈現。某些古代民族實際進行亂倫行為者，如埃及的法老王，在榮格看來是具有高度宗教象徵意義的，它所表達的是一種特權地位，同時顯現與神聖能量泉源的合一。它是與「生命泉源之母」結合的婚姻，而非真實性願望的滿足。榮格論證說，事實上性與亂倫幾無關聯。亂倫具有重大的象徵意義，卻非生理上的欲求。

這種對心理議題和意象的象徵解釋，讓弗洛依德恨得牙癢癢的。**榮格反對弗洛依德的主張說，里比多不止包含對特定對象的性慾，也不能被視為是透過對固定愛慾對象執著**（正式的心理分析專有名詞稱做「cathecting」）**而釋放自己的某種內壓**。里比多是「意志」，榮格在此遵循叔本華的思想。但是榮格更進一步說，意志分為兩個部分，亦即生的意志與死的意志。生命（里比多的）意志的第一部分是為了成長，第二部分則暗指死亡的意志，初時緩進，繼之顯明。令人震驚的是，此一涉及分割的里比多與死亡意願的說法，竟然比弗洛依德死亡意願的理論，大約早了十年之久，而且弗氏的此一理論來源，或許大部分仍得益於榮格及其學生史柏玲（Sabina Spielrein）的合作。值得注意的是，榮格在一九五二年於他的著作《轉化的象徵》（*Symbols of Transformation*）中，修正此一理論時，他便不再使用這個詞彙。當時，他已將史柏玲從他的理論中除去，不再贊同死亡本能的概念。

榮格在《無意識的心理學》中長篇論述的犧牲主題，是他有關意識成長，以及人格成熟發展需要的重要思想文件。如果人類停留在亂倫慾望與行為的桎梏中，就象徵的意義而言，則心靈將不可能從孩提時代脫離出來。天堂就是家園。同時人類將不可能興盛，因為無法適應惡劣與嚴苛的環境。在古代，想要永遠停留在孩提時代的亂倫慾望必須集體的犧牲，而現代人則必須個別的犧牲，以便促使意識朝向更廣大的方向發展。對榮格而言，這種朝向心理成熟的運動，很自然的透過內在的機制與動能來完成。它不需要被外在的威脅誘發。亂倫的偉大犧牲是自願的，而非（像弗洛依德理論指出的）因為閹割的威脅使然。弗洛依德的弒父理論，或良知基礎上因罪惡感贖罪的理論，對榮格的思考模式而言是很陌生的。人類發展良知、道德與文化，是出於他們內在本性的自然。因此，文化之於人類是自然的。

在《無意識的心理學》中，榮格論證一個基本的觀點說，里比多的轉化不是因為性慾與外在真實的衝突，而是因為人性內部機制的干預所造成。這項機制因為發展的需要而造就了亂倫的犧牲。在許多宗教中都可以看到這項機制的運作，特別是榮格於此花了些許篇幅加以比較的拜光教（Mitharism）與基督宗教。榮格在這段時期尚未形成原型的概念，來說明構造心靈與心靈能量的力量。這個概念是日後發展出來的，並使他能夠在追蹤本能基礎上的各種轉化方面，有更獨樹一幟的貢獻。當他在一九五二年出版《轉化的象徵》，也就是針對一九一二至一三年舊作加以修改的著作時，他在許多地方加入原型理論，以便更確切的完成針對此一現象的說明。然而，一九一三年，他在理論上仍然捉襟見肘，針對本能滿足的犧牲乃自然運動之觀念、犧牲係人類心靈系統本具之能力，以及若無此能力則吾人所知的文化與人類意識便不可能等觀念，只能籠統模糊的加以闡述。雖然犧牲解釋了能量何以能從一種表現與活動的形式，轉化成另一種形式，但是當時對於促使人們做出如此重大犧牲的原因為何，仍然不清楚。此外，是什麼機制引導能量沿著某些路徑，朝向特定的事業與作為發展，也是個問題。這裡主要的洞見是「象徵」轉化引導里比多的能力。

在採取上述對本能與里比多的立場後，榮格知道他做為弗洛依德繼承人與加冕王子的日子指日可待。弗洛依德不是那種能夠容忍追隨者歧見的人。這是關乎權威的事，弗洛依德要求的是智識上的絕對臣服。榮格在這點上遲疑不前，這是他倆不歡而散最主要的心理因素。

因此榮格與弗洛依德的師生關係，確實就在《無意識的心理學》第二部分出版後的幾個月內成為過去。該文出版時間是一九一二年九月，刊登在榮格擔任總編輯的《心理分析治療與精神病理學研究年鑑》(*Jahrbuch für psychoanalytische und psychopathologische Forschungen*) 的第六卷上。對榮格而言，與弗洛依德在里比多的定義與概念上產生歧異的根本原因，是為了避免弗洛依德嚴重的化約主義，也就是把意識生活與文化活動的每一種展現，都視為可歸類於某種屬性的性慾。**對弗洛依德而言，堅持性慾中心說的原因是，為了保留心理分析洞見的邊際效益，以解釋文明人如何避免真理，必須如此扭曲的面對性慾。**此外，**榮格的目的是要創立一個能量的一般理論以及一套完整的心理學，但是弗洛依德的意圖，卻是要針對有關性、(後期的) 毀滅與死亡意願等心理生活的扭曲與欺瞞，做更深入的探索。**

一九二八年當榮格發表〈論心靈能量〉時，他已經思考這個主題達二十年之久。他在這篇論文中的細部論證與許多權威資料的參酌，依然反映出他與弗洛依德和心理分析的歧見，不過這些論據也代表他想為「里比多=心靈能量」這個通則，提出最強力辯護的企圖。

榮格對物理學的技術細節層面並不熟悉，但身處二十世紀初期蘇黎世的他，四周卻籠罩著該學科的濃厚氛圍；它提供了一個思考心靈能量的模型。對榮格而言，這個隱喻提供了一套對心靈能量類似理解的可能性。物理學依據因果法則熱力學函數、能量守恆、轉化等，已經建構出能量的精微理論。著眼於這些物理法則但省略掉其中的數學原理與公式，榮格開始概念化心靈的方式，讓我們想起他早期所做屬於實驗心理學研究的「字詞聯想實驗」。榮格指出，研究能量必然需要量化。

能量是從客體世界而來的一種抽象，他寫道。我們無法看到、碰到或嚐到它。說到能量，所關心的是事物彼此之間的關係，而非事物本身。例如，地心引力描述的是某物影響他物的方式，但並未具體說明該物的性質。榮格論證說，心靈能量或里比多的理論，也同樣應該解釋心靈世界中的事物如何彼此影響。

榮格論證說，能量是最終極的概念，它與（心靈）事物在被迫逐級移動並終趨平衡的過程中，彼此間的運動或動能轉換有關。這就像是對物理世界中事件連續發生的描述一樣：當某個物體碰撞到另一個物體時，前面的物體漸緩，而後面的物體動能則增加。能量守恆的法則可以用來解釋這個事件發生的序列，依據該法則，能量既不生也不滅，所以前者失去的能量，與後者接收的能量必然相等。這點是可以被精確測度的。因此，雖然能量抽象而不可觸摸，但是它的效應卻可以觀察到。每個打彈子的人都了解這一點，榮格把這個模型運用到心靈的領域，而這篇論文則是從能量轉換與運動的角度，觸及心靈能量測度與心靈生活思考的議題。

榮格寫道：「同情導致機械的觀點，而抽象則導致能量的觀點，」並將物理與心靈真實的機械觀與能量觀加以對比。這兩個觀點無法共容，但皆為真。「因果機械觀所見的事實發生順序a-b-c-d如下：a是b的成因，b是c的成因，依此類推，」它的重點在因果關係。甲球擊中乙球，乙球又擊中丙球。第一次碰撞造成的效應，又造成另一個效應，依此類推。於是，效應可以追溯至最初的成因。「此處效應的概念乃是指涉一種品質，就像是原因的『力量』一樣，換言之就是動能。」把這個觀點運用到心理生活層面，情結被視為由創傷造成的。創傷的力量進入心靈的系統，造成一系列的效應，持續以各種徵兆長期顯現。從機械的觀點看，當初的創傷被認為是造成情結的第一因。而這樣的了解便導致對受創者的同情。

榮格寫道：「『終極能量觀』則對同一事件序列做如是觀：a-b-c是朝向能量轉化的手段，它從未必發生的狀態a無因的流出，然後以符合熱力學函數原理的方式形成b-c，然後再形成可能的狀態d。此處因果效應完全不在考慮之列，因為只有效應的強度是參酌的重點。只要強度相同我們也可以用w-x-y-z來替代a-b-c-d。」從終極能量觀考察，能量是依循強度層級運動，從較不可能轉換到較可能的狀態，而終趨均衡。把這個觀點運用在心理生活層面——在此我們開始了解，為什麼榮格稱這個觀點是抽象的而非同情的——不論個人生命依止於何處，就心理學或情緒的意義而言，該處正是前述層級強度導引達到的均衡狀態。均衡是目標，就此意義而言，它是自身牽引出事件鎖鏈的原因——終極的原因。它「本來如此」。因果關係似乎比較像是個人的命運。

不論是從過去往前推或向未來的目標拉扯，能量都在運動著。依據物理的熱力學函數法則，能量從高層流向低層，從較不可能的流向較可能的強度狀態：另一方面，依據反熱力學函數法則，能量會朝向最大的複雜性運動。能量的觀點把終極的狀態視為最重要的事實，而機械的因果觀點，則把焦點放在最初運送能量進入系統的推力上。兩個觀點都沒有找出隨機或不可預測的結果，都具備成為科學模型的潛能。

必須注意的是，榮格在此處理的不是終極目的或是意義的問題。他因為常常被指控是個神秘家，所以對於把目的和意義投射到自然過程中的危險特別敏感。他並非把終極能量觀視為具宗教意義的目的論，亦即追求有意義精神目標的自然和歷史過程。他這裡所說的只是能量從較不可能，轉換成較可能狀態的觀點罷了。宇宙背後有無設計者？是否有神在操控引導能量，並且將它引領到預設的結論和目標？類似的問題具有形而上學的趣味，但是榮格並不想在這裡討論這樣的問題。他只是談能量從一個層次轉換到另一個層次而已。

雖然榮格的心理學理論在某些重要方面是帶有目的論色彩的，但是他也試圖在因果與目的論觀點間創造一種綜合。他認為弗洛依德與阿德勒之間的歧見，可以被歸因為因果與目的論心理學之間的差異。如果弗洛依德的心理學（外向的）在尋找原因，阿德勒的目的論心理學（內向的）則在瞻望終點。阿德勒認為個人現下的生活情境不論為何，都是在某方面符合個人需求與偏好的建構。阿德勒的終極能量觀與弗洛依德的機械因果立場絕對衝突。榮格尋求的是中道，一個能包攝兩者的立場。

因果—機械的模型與終極的模型，對於原初能量的狀態所抱持的前提不同。因果—機械的模型從原初是靜止狀態這個假設開始立論，太初之時，尚無一物發生，而且在某物從外部干預並將能量灌進系統之前，都不會有任何事物產生。某人推了球一下，它便撞上了另一個球，一連串的事件於焉啟動。終極能量觀的立場卻假定，太初之時處於高度能量化的狀態，然後在能量尋求更可能狀態達到最終均衡靜止的過程中，便會浮現出不同的運動模式來。例如，榮格會說情結擁有一定額度的能量，如果心靈系統處於不均衡的狀態，就會造成能量的運動。情結不僅只是制約的反應，而且有時也可以是具有創造性的。假如情結不具積極創造的特性，而只是制約的反應，那麼它們就絕不可能被認為是自主的。在特定的條件下，它們會把某種非由環境刺激產生的幻想、慾望與念頭，強行注入自我意識當中。環境刺激只不過把圍繞在情結四周的能量吸引或釋放出來罷了。從終極的目的論觀點看，情結可以被視為終極狀態尋求釋出本身能量，所回歸成的一個較低能量層級。它通過將某種念頭、感情、心境或幻想帶入意識主體的方式，來完成此一過程，這會使當事人以某種特殊的方式作為。當能量釋放殆盡後，它會重回無意識，成為一種比較潛伏的狀態，等待心靈系統間更多能量的累積，或是外部刺激的聚合。

能量的來源

在〈論心靈能量〉的論文中，榮格並沒有對情結能量的來源做細部的交代。他只說，心靈能量分佈在心靈的眾多成分之間，他想要研究的是，運用能量的觀點追蹤能量從一個狀態到另一個狀態的分佈情形。他的問題是：能量如何在心靈內運行？為什麼某些情結較其他情結，或有些時候比另些時候更具能量？心靈中來自生理基礎的原始能量，如何轉化成為其他的活動？

情結以兩種方式匯聚心靈能量：從與它相關的新創傷而來，因此內容更加豐富；從它原型核心的磁場力量而來。這個核心從兩個來源吸收能量。一方面它由與其相關的本能供給能量。本能與原型是心靈中一體的兩面，這點我會在下一章詳細的討論。因此，當原型意象從生理基礎（通過榮格稱為心靈化〔psychization〕的過程）中浮現於心靈時，它就成為能量的吸引器。另一方面，原型也從其他的來源吸起能量。它們融入文化中與他人互動，甚至像榮格在他日後論文〈論心靈的本質〉（On the Nature of the Psyche）中所說的那樣，與靈性本身互動。心靈絕非封閉的系統。相反的，它通過身與心向世界開放。

情結爆發進入意識中顯示它在此刻比自我更具能量。它的能量從情結流入自我的系統，也可能氾濫成災而淹沒自我。自我是否能夠涵容這股能量之流的入侵，是一個重要的實際問題。這股當時看起來壯闊不羈的能量波濤，自我如何能夠加以疏導運用？關鍵在於具有選擇能力的自我，假使它夠強壯堅決，它就可以把這股入侵的能量之流，導向結構、疆界或計畫的創新上。否則個人可能就會變得情緒負擔過重，而喪失正常的功能。

因此，榮格並未把心靈想像成一個封閉的能量系統。封閉的系統會使能量趨疲耗盡，而絕對封閉的系統則終止於完全停置的狀態。榮格相信心靈系統只是相對的封閉。

健康的心靈是有點封閉，而且確實有能量趨疲的傾向，但是它也是開放的，因為它受到周遭世界的滋養與影響。緊綳的封閉心靈系統是病態的。這些系統往往與外在的影響隔絕，因此它們無法接受心理治療。譬如偏執的精神分裂症就是極度緊綳封閉的心靈系統，而終將導致完全的靜止不變，觀念與態度僵固，並且愈來愈離群索居。只有生理的治療能夠產生影響。

在一個健康的人格中，心靈能量也會在某種程度上受制於能量趨疲的法則。時間一久也會有保守和逐漸靜止不變的傾向，隨著年齡的增長，改變日益困難。心靈中透過彼此強烈互動而產生能量的各種極體（Polarities），漸趨穩定與調和。這個事實指出正常的心靈系統只是相對開放，而有點封閉的。能量的分佈有從高往低運動的傾向，好比水會流向最低的地方一樣。

心靈能量的測度

在這篇論文中，榮格想了解這些能量狀態如何能夠為科學測量。他推想可以用估量「價值」的方式來完成。附加在某種態度或活動上的價值量，顯示能量的強度層次。不過要加以量化卻有困難，如果個人盤點他的意識內容，和對政治、宗教、金錢、性、事業、關係、家庭等的成見，從一到一百的量表估計自己投注在每一項目上的價值，就會對能量在意識內容間的分佈情形有所了解。顯然這情形是每日每年在波動的。個人如何真正知道心靈賦予某項事物的價值有多少呢？我們很容易自我欺騙。意識內容盤點的結果可以在量表上等級化，但是這些等級的正確性在測試以前卻無法確定。只有當被迫在兩個以上具吸引力的事物之間做選擇時，個人才能真正確知何謂相對的價值。被迫在酩酊大醉與家庭妻子間做選擇的醉漢，面臨痛苦抉擇的極大壓力。但是這樣的危機卻可以測試他是否能履行戒酒的承諾。花錢的習慣可以對個人真正而非應然的價值，提供重要的線索。象徵能量的金錢之流，是顯示價值強度歸屬的一種方式。人們依循自己崇尚的價值自主的消費。

這些是意識內容的能量價值可被測度的某些層面。但是無意識內容的價值該當如何？它們如何能被測量呢？它無法單靠內視完成，因為自我通常無法貫穿到意識的深層。情結會做出自我不會做的選擇。間接測量的方法有其必要，而榮格的「字詞聯想實驗」正提供了這樣的一個方法。情結的能量層級由與它相關的情結指數顯示。一旦得到數據，它的潛在能量便可以被估算。隨著時間的過往，人們也可以從經驗了解哪個情結會產生最強的情緒反應。這些敏感的地帶，最好不要在客套的公眾社會中暴露出來。因為個人的強烈反應是可以預見的。某些環繞在性、宗教、金錢或權力議題的集體情結，幾乎或多或少的影響到每一個人，而且可以導致可怕的能量釋出，如果刺激夠嚴重的話，甚至會引起戰爭。日常生活中干擾的強度與頻率，是測度無意識情結能量層級的有用指標。某項心靈內容的能量層級，可以從正面或負面的情緒與反應來顯示。從能量的觀點看，這種情感上的好壞區別是沒有差異的。

身心一元

在這篇論文中，榮格重覆他十五年前在《無意識的心理學》中的論述，認為心靈能量是生命能量的一個次級範疇。有些人擁有許多心靈能量，有些人則比較少。例如，據說美國詹森總統似乎比他周遭的人物擁有更多的腺體。他可以靠他渾厚的能量壓倒他人。當他做參議員時，可以在履行正規的多數黨領袖職責之餘，每天寫兩百五十封信給選區的選民。有些人擁有豐沛的精力，有些人則從床上走到早餐桌前都有困難。就某種意義而言，生理面會強烈影響心理面，身體覺得健康，可以挹注個人心靈能量的蓄水庫。但是身心的關係是複雜的，而且往往是弔詭的。例如，尼采在寫作他詩文般的傑作《查拉圖斯特拉如是說》(*Also Sprach Zarathustra*) 時，正病入膏肓並處於極大的痛苦中。海涅 (Heinrich Heine) 生命的最後十年是在病榻上極端痛苦的度過，他卻在這段時間裡，創作出成千上百的歌曲、詩文以及其他不世出的文學作品。這些天才的努力需要的大量心靈能量，不是單靠健康身體產生工作所需心靈能量，這樣簡單的概念所能解釋的。其中有比從身體將卡路里轉換到心靈更複雜的情況。

因為有這些難題的存在，某些思想家便把生理與心理視為兩個相對獨立的平行系統。這個觀點的長處在於，可以保存各個系統完整性，以及避免心靈能量變成生理能量的化約。但是榮格對此模型並不滿意，雖然他也強烈反對生物的化約主義。他肯定它們是兩個系統，但是它們的互動是如此的精微複雜，而且大部分都埋藏在無意識的深處，以致於很難界定兩者的分野之處。它們在某些方面是獨立的，但是在有些方面則是盤根錯節而相互依存的。身心的議題在榮格的作品中屢見不鮮，我會在後面章節裡再次觸及。在〈論心靈能量〉這篇論文中，他只間接提到這個問題。

因為身心一元只是一個相對而非絕對的封閉系統，所以能量趨疲或守恆均非實況。不過就事論事，兩者確有極強的相關關係。如果某人對某事物的興趣減少或消失，那麼同樣額度的能量往往會出現在其他的地方。有興趣的兩件事物也許表面看來並不相關，但是系統中的總能量額度卻保持不變。有時大量的能量會完全散失，當事人變得心智遲緩或沮喪。榮格認為在這個案例中，能量已經處於倒退狀態。它已從意識中流出，回歸到無意識裡。

能量、運動與方向

里比多的「倒退」(regression) 與「前進」(progression) 是榮格理論中的重要術語。它們指的是能量運動的方向。在前進的時候，里比多被用來適應生活與世界。個人為了活動於世界而運用它，而且可以在選擇的活動上自由宣洩它。當事人此刻所經驗到的是心靈能量的正向流動。但是假設這個人在重要的考試中失敗，在企業整頓中遭到冷落，或是失去摯愛的伴侶和孩子，那麼里比多的前進便會終止，生命會停止它前進的動力，而且能量的流向開始反轉。它進入倒退狀態，消失於無意識中，並在此啟動情結。這將導致一度連結在一起的心靈極體被分割開來，而成為互相敵視的對立。於是自我意識擁有一套原則與價值，而無意識卻採取相反的立場。當事人因為被內在的衝突折磨而癱瘓。在里比多前進的時候，個人心靈內的極體彼此平衡，並產生向前運動的能量。個人也許處於模稜兩可的狀態，不過卻是為了適應現實而產生的。在里比多倒退的時候，能量之流回注到心靈系統內，而完全無法滿足適應的需要。當心靈的極體分裂時，一種嚴重的無所適從情緒隨之發展，並使當事人為之癱瘓。僵持接續而來，正反意見水火不容，於是個人完全動彈不得。

榮格注意到，當能量沒有用來適應環境或是沒有往前運動時，它就會啟動情結，並且按照自我失去所擁有能量的比例，增加它們潛在的能量。這是運用在心靈領域的能量守恆原理。能量並未從系統中消失，只是從意識中消失罷了。這就會造成典型的沮喪、手足無措的困窘、內在衝突、不確定性、不信任、猜疑和失去動機等狀態。

里比多的前進孕育了對環境的適應，里比多的倒退則弔詭的導致新的發展可能性，里比多的倒退啟動了內在的世界。當內在的世界被啟動後，個人被迫要面對它，然後要在此改變的基礎上，對生命做出新的調適。當里比多再度開始向前移動時，這個內向適應的運動，最終則會導致全新的外向適應。不過，個人更加成熟的真正原因，在於勇敢的面對了無意識——情結、個人歷史、弱點、錯誤以及其他在里比多倒退期間浮現的麻煩和痛苦問題。（我將在第八章詳細討論榮格的個體化概念。）

必須注意的是，榮格一方面清楚的區隔了里比多前進與倒退的差異，另一方面也對外向與內向的態度加以分別。初學者很容易混淆它們，內向的人以他們自己的方式發展，以內向的方式適應世界，而外向的人則以外向的方式發展。同樣的情形也可以用來說明里比多的倒退現象。譬如某人是屬於慣用思考處世待人的外向思考型，對於生活中思想功能不能有效發揮的情境，會加以排斥並覺得受挫。人際關係的問題不像規則可以用外向的思考加以解決。這裡需要一個截然不同的進路。當某人優越的功能被證明無用時，挫敗感便油然而生，因為目前所需的功能突然變成其他項目，而這些功能又不是立刻能具備的。因此，里比多的倒退一般會啟動個人較差的功能，在這個例子中就是內向感情型的功能。誠如榮格所指出的，個人較差的功能是無意識的，而且當它浮現在意識時，隨之夾帶而來的是渾濁深處的泥濘。經過整合的感情功能是自我的工具，也是精緻的理性分辨功能，它通過價值的建構而使人具有方向。然而，從無意識流漩出來而未分化的較差功能，只對價值提供極少的指引，但卻以醒目的字眼吶喊說：「這是我一生中最重要的一件事！沒有它我活不下去！」它是高度情緒化的。較差的功能缺乏適應能力是再明顯不過的了，但是自我受到挑戰要以這種方式來運用進入意識的情緒與思想，這麼一來，它才能開始適應人格的隱晦面，也就是無意識。

相對的，在人生的前半段運用他們長袖善舞的能力，累積許多人脈的人，卻臻於人事無法再滿足他們的境地。高度發展的外向—感情功能，不再能滿足心靈的需求。需要被實現的是其他的潛能。或許內向的直觀—思想型活動計畫（研究哲學或神學）正在招手，它似乎比和朋友午餐或假日與家人聚會更有吸引力。人的一生有許多有意義的轉折階段。

轉化與象徵

榮格對於這些心靈轉化發生的原委，深入而持續的關注。在〈論心靈能量〉的論文中，他正式提出轉化的理論解釋。在論「里比多的疏通」（canalization of libido）部分，他提出某種自然的能量「層級」。層級是能量流經的路徑，在自然的狀態中，也就是在我們想像的天堂般境界，不需要也不會發生這種轉化。就像寵物狗一樣，住在舒適的家裡、睡眠飽足、乞求殘羹剩飯，而且（如果沒有被閹割的話）還會季節性的從事狂熱的性交活動。處於純粹自然狀態的人，也只依循生理的本能和慾望過活。但是人類創造了文化又長於工作，這假定人類具有把自然層級的能量，導向其他人為路徑層級的能力。這是如何發生的呢？

榮格不認為自然與文化是彼此對立的。相反的，他認為基本上兩者同屬於人類的本性。**人類的文化創造與工作專長，是人心創造出類似本能的目標和活動而產生的。這些類似的功能便是象徵。**觀念與意象這些心理內容，將里比多從自然的層級與對象分離出來，而導引至新的方向。例如，小兒心中浮現出一個和乳房意象一樣具吸引力的念頭。這個在遊戲中獲得實現的念頭，比乳房吸引更多的能量，並使得小兒得以延遲滿足它保育的渴望，最後便自然的斷奶。在往後的日子裡，取代乳房的譬喻或象徵，可能是一頓精美的大餐。享用精緻美食的念頭對成人所提供的舒緩作用，和豐乳的意象對小兒的影響是一樣的。觀念或文明的對象因此把握了原本固著在母乳上的能量。乳房與餐廳都是在心理發展的某個時刻，對某項事物的象徵所能表達的最佳方式。

象徵會吸收大量的能量，並形塑心靈能量投注的方式。宗教傳統上吸引大量人類能量，而它們的力量幾乎完全依賴象徵。通過象徵的使用，它們也在政治與經濟上變得強而有力，但是這些力量比起承載它們的象徵卻是次要的。去除掉象徵的力量，整個結構便會崩解。當宗教觀念與儀式鮮活有力的存在時，它們擁有強大的吸力，能把人類的能量牽引到特定的活動與關心的事物上。為什麼象徵比自然的事物層級更深？觀念如何變得比乳房或陽具等具本能吸引力的事物，更迫使人類感到興趣？

榮格很清楚的知道，這不是因為自我的決定造成的。當「無名酗酒人協會」（Alcoholics Anonymous）聯合創始人之一的「威比爾」（Bill W.〔William G. Wilson〕），在一九六一年寫信給榮格時，提到H君（榮格在一九三〇年代初期治療過的酗酒症病患）的際遇。榮格在回信時承認，心理治療師在幫助病患克服對事物的依賴性方面，基本上是無能為力的。用我的話說明榮格信中的意思，可摘要如下：「你需要一個能把注入在飲酒上的能量吸引出來的象徵或譬喻。你必須找到一種比夜夜買醉更有趣的事，比伏特加酒瓶更吸引你的東西。」有力的象徵必須能夠對酗酒者產生如此重大的轉化，榮格認為所需要的是徹底變革的經驗。象徵從人格的原型基底——集體無意識——浮現出來。它們不是自我人為的發明，而是從無意識自然浮現的，特別是在有極大需要的時候。

象徵是里比多的偉大組合者。榮格對象徵這個術語的使用正是此意。**象徵不是符號**。符號可以正確無誤的解讀詮釋。停止的交通號誌表示「停止」！但是**依據榮格的了解，象徵卻是目前意識狀態不可能知道，或還不知道事物的最佳陳述或表達**。象徵的詮釋企圖把象徵的意義轉換成比較能夠了解的詞彙或一組術語，但是象徵仍舊是它所要傳達意義的最佳表達。象徵為個人開啟奇幻的世界。它們也綜合了靈性與獸性、意象與驅力的質素。基於這個因素，對於崇高的精神境界與神秘經驗的描述，常常會引用像滋養和性等生理與本能的滿足來形容。神秘家把與上帝合一的恍惚比喻成性高潮經驗，而它極可能就是如此。象徵的經驗使身與靈在強力自信的整體感中結合為一。象徵對榮格而言是十分重要的，因為它具有把自然能量轉化為文化與精神形態的能力。在這篇論文中，他並未討論到這種象徵在心靈中浮現的時機。這一點在其他著作中有所討論，特別是在他晚期的作品〈同時性：非因果關係原理〉(Synchronicity: An Acausal Connecting Principle)。

轉化與昇華的差異點出了榮格與弗洛依德理論的基本不同。對弗洛依德而言，文明人能夠昇華性慾，但是昇華作用只能產生此一慾望所需實體的替代品。里比多會附著在替代物上，但是這些替代物仍然不是最好的。在現實中，里比多想要回歸嬰兒期、母親與父親的依戀，以及伊底帕斯幻想的滿足。因此弗洛依德的分析永遠是化約的。榮格同意里比多最初尋求的是母親的身體，因為哺育對嬰兒的存活是必要。里比多後來被吸引到性的方面，並沿著這些層級流動，因為繁殖是種族延續所必須的。但是當里比多發現精神的譬喻、觀念或意象時，它會奔向那裡，因為那是它的目標，而不是因為它是性滿足的替代。對榮格而言，這是里比多的轉化，而文化便從這樣的轉化而生。文化是慾望的滿足而非阻礙。**榮格堅信人類的本性是朝向文化建構、意象創造和能量涵容的，因此它可以被引導朝向這些精神與心理的內容流動。**

心靈的疆界
／本能、原型與集體無意識

The Psyche's Boundaries
Instincts, Archetypes, and the Collective Unconscious

人類心靈的最深層榮格稱之為「集體無意識」，並認為它的內容綜合了普遍存在的模式與力量，分別稱為「原型」與「本能」。

個體化是個人長期在心靈的弔詭中，有意識努力的結果。但是本能與原型卻是我們每個人的自然稟賦。所有人的稟賦都是平等的，每個人不論貧富、膚色、古今，都擁有它們，這個永恆的主題是榮格對人類心靈理解的基本特色。

現代的地圖製造者在其成品烙印下截然不同的標記前，你可以從製圖手法的某種特色，辨視出某地圖的出處。它既是藝術也是科學之作。到目前為止，榮格的心靈地圖與其他深層心理學的描繪，看起來並沒有兩樣。不過，這章我們將開始研討其心理學的真正特色。榮格對他所謂「集體無意識」的探索與解釋，是形成他學說獨樹一幟風格的原因。

接續我們前一章討論心靈能量留下的話題，我認為**對榮格而言，原型是心靈能量與模式的主要來源。它構成心靈象徵的終極來源，而心靈象徵會吸引能量、賦予結構，最終導致文明與文化的創造**。從前幾章的暗示，我們基本上應該了解，**原型理論對榮格整體的心靈構思極具關鍵性。事實上，它是榮格學說的基石。**

然而，要討論榮格的原型理論，我們必須一併將他的本能理論納入考量。依據榮格的觀點，原型與本能是極度相關的，而身心間連接的密切程度，使得它們幾不可分。假如這點被忽略了，對於原型意象的討論，很容易會落入全然精神化和玄想的心理學窠臼中。要從心理學而非哲學或形上學的觀點討論原型，就必須將討論奠基於人類身體展現出的生命上；因為這個緣故，它也必然與個人歷史和心理發展盤根錯結的連繫在一起。原型理論是使得榮格的心靈地圖帶有柏拉圖觀念論色彩的原因，但是榮格與柏拉圖的不同在於，榮格把「理型」（Ideas）當成心理因素，而非永恆形式或抽象物來研究。

我曾開宗明義的說過，榮格企圖探索心靈到它最遠的邊界。假如他不是成一家之言的思想家，那麼他必然是富於野心的人；他的野心促使他跨越那個時代的科學知識界限。當代科學仍然不斷依循著他的許多直覺而行。在不斷深入探索心理的未知黑暗領域過程中，他在集體無意識及其內容的理論方面，對心理學與心理分析做出了最原創的貢獻。人們偶爾會問道，他所謂的心靈事實究竟是發現或發明。不過，當製圖師所描繪的大陸，是全新而仍然完全未知和未開發時，這是他命運的必然。早期的製圖師被迫要依直覺而畫，也無法避免猜測的危險。他也諮詢他人的地圖，甚至研究古代的文獻。這些資料可能有用，也可能誤導。榮格非常清楚這個領域中的陷阱，他不僅大膽假設，也小心求證。

我在本章中引用的資料，主要來自於總結榮格晚期理論的經典之作〈論心靈的本質〉。這篇論文並不像榮格在其他著作，特別是他使用煉金術意象與文獻的晚期作品，喜歡用意象遠大、詞藻華麗的方式，來鋪陳集體無意識的領域。這是一篇嚴肅而抽象的理論解釋，很難閱讀，而且對想從榮格身上找尋預言家靈感者的品味而言，頗為枯燥。但是，這份研究報告提供了榮格其他理論立足的基石。不了解這個基本理論，其他部分看起來就像是館藏豐富動物園的動物收集一般：異國風味充斥，但卻看不出什麼名堂。以這種方式閱讀榮格的評論家，坦白說並不了解他研究計畫的本質。有關他匯聚艱深怪異事實背後的理性，在許多地方都有表述，但在這篇論文中，條理特別清晰。

這篇論文寫於一九四五至四六年，而於一九五四年修訂。我認為這是榮格最完整綜合的理論之作。要完全了解這篇作品，實際上需要對所有榮格先前的著作有廣泛的了解。和他前三十年的許多論文比較起來，這篇論文在思想上無什新意，但是卻將舊作中的一絲半縷貫穿起來成為整體。接下來我們將簡單回顧引領他寫作此篇經典論文的思路，並提供了解此一思想重要性的脈絡。

從最早的時候開始，榮格的野心就是要創造一個能從高到低、從近到遠，描繪心靈各層面的總體心理學，一幅真正的心靈地圖。這個野心可以追溯到他職業生涯的最初幾年。一九一三年榮格寫了一封信給剛創刊的《心理分析評論》(*Psychoanalytical Review*) 編輯傑立夫 (Smith Ely Jelliffe) 和懷特 (William Alanson White)，後來這封信也在該期刊的創刊號中登載。榮格在信中勾勒出他對這個嶄新心理學的大膽遠見。他對編輯們「在他們的期刊中，結合各領域有競爭力專家們貢獻」的計畫讚譽有加。令人震驚的是，他提到與心理學有關和對心理學有用的學科領域，竟然包括語言文獻學、歷史學、考古學、神話學、民俗研究、人類文化學、哲學、神學、教育學與生物學！

榮格寫道，如果把所有這些領域的專門知識貢獻於人類心靈的研究，我們將有機會可以達成「遺傳心理學的遠大目標，而這將會開展我們對醫療心理學的新視界，就像比較解剖學對人體的結構功能已有的成就一樣」。榮格在這封信中，也談到「心理的比較解剖」，他可藉由匯聚許多研究領域的專家來完成。他的目標是成就一個寬闊的心靈整體觀，並掌握它的全體，由此觀察它們活躍互動中的各個部分。

當榮格更深入無意識素材——主要是由他的病患表現出來，以及他自己內省發現的夢與幻想——的源頭時，他逐步對人心的普遍結構加以理論化；那些結構是屬於每個人，而非侷限於他個人或他的某個病患。**人類心靈的最深層他稱之為「集體無意識」，並認為它的內容綜合了普遍存在的模式與力量，分別稱為「原型」與「本能」**。他認為在這個層次上，人類毫無個體性特色可言。**每個人都擁有相同的原型與本能，人們只能在人格的其他部分尋找個體的特色**。他在《心理類型》（*Psychological Types*）與《分析心理學二論》（*Two Essays in Analytical Psychology*）中論證說，真正的個體性是個人為追求意識而掙扎的產物，他稱之為個體化過程（參見第八章）。**個體化是個人長期在心靈的弔詭中，有意識努力的結果。但是本能與原型卻是我們每個人的自然稟賦。所有人的稟賦都是平等的，每個人不論貧富、膚色、古今，都擁有它們。這個永恆的主題是榮格對人類心靈理解的基本特色**。他在後期修正〈個人命運中的父親〉（The Father in the

當時他雖然與弗洛依德合作，但已開始研究神話學並撰寫《無意識的心理》。在那篇著作中，他研究米勒小姐（Miss Frank Miller）的幻想；米勒小姐的案例因為他日內瓦的朋友兼同事弗洛諾伊（Gustav Flournoy）出版的書，而為大眾所熟知。榮格想從他新發展出來的觀點來探索這些幻想的意義，而這個觀點從早期他對靈媒表妹海倫（Helene Preiswerk）所做的精神研究開始便醞釀了。他投入米勒小姐幻想資料的研究，成為榮格明顯與弗洛依德的里比多理論保持距離，以及討論他後來稱為集體無意識的開始。

依據榮格的自傳，他對無意識的非個人層級第一次留下印象，是來自他一九〇九年與弗洛依德航行赴美期間所做的一個夢。他夢到一間多層的房子（在夢境中稱為「我的房子」）。他在夢中逐級探索房子的各層樓，從大廳（現代）走到地下室（近代歷史），然後再下去好幾層密室（古代歷史如希臘、羅馬，以及最早的史前與石器時代）。這個夢回答了他旅途上所問的問題，亦即：「弗洛依德心理學建立的前提為何？它屬於人類思想的那個範疇？」他寫道，這個夢的意象「成為我構思心靈結構的指引。」「它是我第一次對個人心靈之下的集體先驗條件所得的印象。」

當榮格第一次檢視弗洛諾伊的著作時，他對米勒小姐或她個人的生活史所知甚微。他自我解嘲的說，或許這對理論有益，因為他的思想不會被個人的關係或投射所玷污。因為不被個別的樹木分心，所以他能夠專注於整片森林。他可以自由的推想更普遍的心理模式。他確實投入極大的熱情加以推想，然後放棄。當他檢視米勒小姐的幻想時，他從她自述中的新事實，來想像她真實的情況：一個獨自在歐洲旅行的未婚年輕女性，喜歡上一位義大利的水手，卻無法對她的情慾對象有所行動，由於未善用的性慾里比多堵塞起來，而落入深度的倒退狀態。在運用他當時所知的心理動態——大部分從弗洛依德以及他心理分析的同僚學來——之餘，他也會大膽的將這些了解加以引伸，認為里比多，也就是性的本身，具有雙重性質。一方面它尋求性活動與享樂的滿足，另一方面它卻禁止這樣的活動，甚至尋求相反的事物——死亡。他大膽的提出等同於生命願望的死亡願望，這個情況在個人生命的後半段準備死亡時，變得特別顯著。人類心靈與生俱來便有犧牲滿足的傾向，不論是性或其他方面的滿足，而且會追求不能靠性活動滿足的傾向與慾望。

這在榮格反思該年輕女性心理狀況的過程中，是條奇怪的思考路徑。一方面她顯然尋求生命中的情慾出口，但卻無法做到。因此她的退卻與昇華的企圖，如心象、詩文寫作、做白日夢等，所有這一切都顯示她將陷入病態的預兆，最終則可能導致精神疾病。另一方面，或許米勒小姐的性壓制，可以反映出她心靈深層的衝突，一種可以看成是人類普遍具有的原型衝突。這裡涉及整個人類演化發展過程的重大問題。榮格認為性慾里比多在人類萬年演化的過程中，已經通過最初的隱喻與類似的機制，被導引進入文化的路徑，然後進行更深層的轉化。即使以最低的標準而言，這些隱喻也都不再能被合理的視為屬於性的範疇。當他追蹤米勒小姐里比多的波動情形時，他獲致了一個全新的文化理論。難怪許多讀者覺得這本書難以理解。

當榮格探索人類演化，在米勒小姐有點病態的發展，與曾在過去成千上萬年發生過的事情間，找出許多平行關係時，他勾勒出英雄神話的聚合，並賦予英雄創造意識的角色。**英雄是基本的人類模式，男女皆有此特性；它必須犧牲「母親」或被動的幼稚態度，並承擔起生命的責任，以成熟的方式面對真實**。英雄的原型要求個人脫離幼稚幻想的思考，堅持要以積極的方式投入真實。如果人類過去沒能面對這個挑戰，那麼他們早已在萬年之前就滅絕了。不過為了要不斷面對真實，對兒時舒適的慾望與渴求的高度犧牲是必要的。米勒小姐的兩難如下：她面臨成長以及扮演生命中成人角色的任務；而她對此挑戰畏縮不前。她並沒有放棄幻想的思維，而且她在與真實無關的病態世界中迷失了。她處於極度倒退回「母親」的狀態。問題是：她會像希臘神話中到冥府去尋死去父親的西薩斯一樣，困在那裡永毋歸期嗎？雖然榮格不是十分確定，但是他猜想她或許會變成神經病。

當榮格研究米勒小姐的幻想時，他從遙遠的世界角落聚集了一堆相關的神話、神仙故事與宗教主題來詮釋她的意象。他對這些驚人的平行關係震懾住了，他想解釋為什麼這個女人，能夠自然產生類似埃及神話、澳洲原始部落以及美洲土著的意象與主題。為什麼如此驚人的平行關係可以無需太多人為的努力就浮現人心？這是什麼意思？他把這些事實和他逐級下降到地下室的夢連接起來，於是開始了解到，自己所發現到的是無意識集體層面存在的證據。這表示無意識中有某些質素，並不是從意識壓抑到那裡的。它本來就在那裡。

必須注意的是，心靈普遍形式追求的也同樣引起弗洛依德的好奇，但是方式卻大不相同。弗洛依德尋找的是單一的無意識願望或核心情結，以解釋所有心靈的衝突，而且他認為自己已經在原初遊牧民族的故事中找到它。當榮格寫作《無意識的心理學》時，弗洛依德正在撰述《圖騰與禁忌》（*Totem and Taboo*）一書。一手握有臨床的資料，另一手握有佛萊塞（Frazer）的《金枝》（*Golden Bough*），弗洛依德所進行的計畫與榮格類似，彼此看誰先獲致「大發現」的競賽於焉登場。不論弗洛依德還是榮格的版本較有說服力，兩人學說的公分母是人類的心理，就像身體一樣，具有普遍的結構，而這些結構可以透過詮釋與比較的方法發現。

因此就某種意義而言，弗洛依德和榮格一樣，創造了一個原型理論。他的遠古殘餘物概念便承認古代模式的存在。雖然弗洛依德對該項質素的態度，與榮格的神話學及其與心靈關係的討論大相逕庭，但是兩人卻遵循類似的思想路線，並獲致類似的結論。

榮格在不相關的歷史階段與地點間，發現個人與集體意象及神話的平行關係，更強化了他尋求解釋的動機。**精神病的意象、夢的意象以及個人幻想的產生是否有一個共同的源頭？而集體的神話與宗教意象及思想，是否另有一個共同的源頭？榮格探索的正是人類思考與想像中的共通之處**。為了要進一步深入研究，他必須讓他的病患顯露他們的無意識幻想與念頭。

在〈論心靈本質〉的論文中，榮格告訴我們他如何啟動病患的幻想活動：「我常常觀察病患具有豐富幻想素材的夢。從病患本身我也同樣得到一個印象，他們內心充塞各式的幻想，但卻無法告訴我到底內部壓力的所在。我因此以病患的某個夢象或聯想為起點，讓他在他的幻想中如脫韁野馬般的咀嚼和發展其主題。」弗洛依德自由聯想的技術與此類似，但榮格讓想像更進一步而自由的馳騁。他鼓勵病患引申幻想素材的意義：「依據個人的品味與天賦，這可以用各式各樣的方法如戲劇的、辯證的、視覺的、聲效的，或以跳舞、繪畫、塗鴉及角色代入等形式來完成。這個技術導致的結果是許多複雜的圖像，其多樣性讓我困惑多年，直到後來我才了解，經由病患技術能力的協助，我在此方法中目睹了無意識過程的自然顯現，後來我稱之為『個體化過程』。」這個無意識內容的想像過程，把它們變成意識的形式。

> 我最初在梳理意象時面臨的混亂情況，因為工作期間某些定義明確的主題和正式的要素而減輕；這些主題與要素在許多不同的個人中，不斷的以相同或類似的形式重覆出現。我提到的最明顯特質有混亂的多樣性和秩序；二元性，也就是光明與黑暗、上與下、右與左的對立；對立物在第三立場的統合；四元性（quaternity，（四邊形、十字架））；循環（圓形、球體）；最後是匯聚核心的過程，以及通常伴隨某些四元系統而來的輻輳排列……依我的經驗，匯聚核心的過程是整個發展過程永遠無法超越的高峰，因為它可以帶來最大可能的療效。
>
> ——《榮格全集》第八卷

榮格繼續談到「無意識的構成原理」。除了考慮由精神病患產生的幻想素材外，榮格與精神官能症患者的經驗，使他認為主要的構成要素存在於無意識中。因為自我意識並未決定此一過程，所出現的形式必源自其他地方。雖然有些形式可能由情結決定，但是其他的形式則比較原始，也不屬於個人，不能從個人的生活經驗來加以解釋。

一九四六年，榮格在瑞士奧斯科納(Ascona)舉行的愛倫諾司會議(Eranos Conference)發表這篇論文。他曾在這個會議上發表許多重要論文，而且從它在一九三三年創立開始，到他死前一年的一九六〇年為止，一直參加這項會議。人們每年一度從世界各地匯聚於此，他們的興趣主要在心理學與宗教，特別是東方的宗教。長期對東方思想有極大興趣的會議創始人卡氏(Olga Froebe-Kapetyn)，因各種神秘現象的觸發而推動此一盛會，延請知名專家共同討論許多不同的題目。這群聽眾似乎真的提供榮格良好的刺激，而使他付出最大的努力。這些人是世界級科學家與學者群的成員，論文品質的要求極高。

〈論心靈的本質〉一文是總結榮格心理學理論的成熟之作。該文的史料部分處理的是哲學與心理學界的無意識。在此他為自己的無意識定義，對無意識與意識的關係以及心靈間動能的了解，奠定了基礎。無意識的概念是所有深層心理學的基石，也是深層心理學與其他心理學模型的分野。至於無意識存在的證據，榮格舉出心靈的分裂性來支持。例如在某些意識變異的狀態，會有某種昇華的自性或主體出現，也就是非自我卻具意向性與意志的內在人物。自我可以與這個他異的次人格進行對話，這種「焦孟不離」的現象顯示人格中有兩個不同意識中心的存在。榮格寫道，這種現象在所謂的正常人格中也存在，儘管人們沒有察覺到這個事實。

不過一旦假定有無意識的心靈存在，那麼要如何來確定它的界限呢？它們能夠被確定嗎？或者它們是如此的不確定，以致於被認定是沒有限制的？做為一個科學家與思想家，榮格要的是清楚的定義，在這篇論文中他就提出了好幾個。最重要的一項理論性概念，就是心靈中稱為「類似靈性的」（psychoid）面向，它形成了一個心靈的分水嶺：

> 人類耳朵能夠聽到的聲音頻率範圍，在每秒震動二〇次到二〇、〇〇〇次之間；眼睛能夠感光的波長範圍，在七、七〇〇到三、九〇〇埃（譯註：光的波長單位，一厘米的萬萬分之一）之間。這個比喻讓我們了解，心靈事件也有高低的分水嶺，而意識這個最優異的知覺系統，因為同樣具有上下限，所以可以被比喻成像是可感知的聲光量表。也許這個比喻可以延伸到整個心靈，假使在心靈量表的兩端有「類似靈性的」過程，這就不無可能。
>
> ——《榮格全集》第八卷

榮格的心靈觀點認定，心靈沿著某種量表移動，這個量表的界限逐步消失而進入

「類似心靈的」領域。榮格承認，他是從布魯勒（Bleuler）那裡借用這個形容詞術語的。布魯勒把「類似心靈的」（*das Psychoide*）定義為「所有身體與中央神經系統具目的性、記憶和保護生命功能的總體，那些我們習於稱作心靈的大腦皮質功能除外。」布魯勒在此區別了：(a)心靈的功能，包括榮格所謂的自我意識與無意識（個人的與集體的），以及(b)其他身體與中央神經系統的生命保護功能，它們的某些功能與心靈近似。身體本身能夠記憶學習。例如一旦你學會騎腳踏車，你便不需要刻意回想騎車的技巧。身體會保存如何騎車的記憶。身體同時也具有目的性，會在心靈的範疇外，以它自己的方式掙扎求存，保護生命。榮格的研究基本上是在有關心靈的、準心靈的，與非心靈的這組定義內進行的。

榮格在許多著作中使用布魯勒的術語——「類似心靈的」，不過也有若干保留。他批評布魯勒把類似心靈的事物與特殊的身體器官結合起來，以及鼓勵某種心靈無所不在的泛心靈主義的想法，是不恰當的。「類似心靈的」這個術語，對榮格而言，是描述與心靈近似，或準心靈，但非心靈的過程。這個術語是用來區別心靈與生機的功能。類似心靈的過程既介於身體的生命能量與純粹的生理過程之間，也介於前者與真正的心靈過程之間。

本能

榮格的論證走筆至此，開始觸及人類本能的主題。本能根植於生理，而以衝動、思想、記憶、幻想和情緒進入心靈的領域。我們要知道，本能這個主題與人類本身的問題有關。因為人類有能力選擇、反思，可以順逆所謂的本能衝動而行，這不是其他動物所能辨到的，所以本能在人類行為中的份量是個問題。榮格認為人類行為中的本能部分，其決定性遠不如動物。然而人們某種程度上，會受到與心靈不同的生理需要與過程的影響。用珍納特的話說，榮格稱此為人類存在的「弱項」（*partie inferieur*）。這個部分由荷爾蒙控制，具有某些人稱為「驅力」的強制特性。只要荷爾蒙具有決定我們行為或感覺的力量，我們就受制於驅力與本能。「弱項」，也就是心靈的身體部分，是受到生理過程的強烈影響。

在辨識出身體這個次級層面之後，榮格繼續陳述：

從這些省思我們可以了解，心靈是一種從本能形式和強制性演進而來的功能解放；當本能是唯一的功能決定因素時，便會造成堅牢的機制。當內外功能不再被決定，同時能更彈性和較自由的應用時，心靈的條件或品質才開始成形……

——《榮格全集》第八卷

當訊息從身體移向心靈時，它穿過類似心靈的區域，因此生物的決定作用大為減弱，較具「彈性和自由的應用」成為主軸，「這時由其他來源推動的意志開始接收到訊息。」意志的出現對建立心靈功能具有決定性作用。例如，饑餓與性慾是以身體為基礎的驅力，涉及荷爾蒙的釋放。兩者皆是本能。人必須飲食，而身體渴望性的釋出。但是意志粉墨登場了，因為我們可以選擇要吃什麼，以及如何滿足個人的性衝動。意志可以做某種程度的干預，儘管它在各個層面都無法完全控制個人的最終行為。

如果光譜中身體一端（「弱項」）的心靈有所限制的話，那麼意識的「強項」（*partie supérieur*）也有限制：「從純然的本能逐漸獲致自由，『強項』（意識）最終會到達內在功能的能量，完全不再被原始本能牽引的地步，而達到所謂的『精神』形態。」本能在某個時刻會失去對心靈的控制，但是其他的因素開始導控它。這些因素榮格稱為「精神的」（spiritual），不過德文字「*geistlich*」在此處的翻譯有問題，另一個也可以用的英文形容詞是「心理的」（mental）。這些控制的因素是心理的，因為它們由心而生，取希臘文*mons*之義，它們不再是有機體。它們或許可以像本能一樣的運作，也就是將意志變成行動，甚至也可能使身體分泌荷爾蒙，榮格在許多方面保留分析的特色之餘，想要做的是把身心靈整個系統整合起來。

自我的動力部分來自本能，部分則來自心理的樣態與意象。自我在它的眾多選項中，擁有某種選擇的自由。儘管它的動機受制於本能或靈魂，卻在一定程度內，享有「可自由運用的里比多」。曾是生物學家和醫療心理學家的榮格，拒絕從驅力和本能中完全脫離出來。即使是做為心靈本質的意志，也受到生理驅力的推動：「意志的動機必須基本上被視為是生物性的。」不過本能在心靈光譜的心理彼端失去了它們的力量：「在功能突破原有目標的心靈上限處，本能失去了它們做為意志推動者的影響。透過形式的改變，功能被迫為其他顯然與本能無關的決定要素或動機服務。」

> 我試圖要表達清楚的是以下值得注意的事實。意志不能踰越心靈體的界限：它不能強迫本能，也不能控制精神，至少就我們對這個超越理智作用之物的了解確是如此。精神與本能在本質上是自主的，而且兩者在意志的應用領域中都具有同等的限制。
>
> ——《榮格全集》第八卷

「類似心靈的」領域界限刻劃出人類功能中，可能被知與完全不可知——可能被控制與完全不可控制——層面之間的灰色地帶。這不是一個明晰的界限，而是一個轉化的區域。「類似心靈的」分水嶺顯現出榮格稱為「心靈化」(psychization) 的效應：非心靈的資訊變成「心靈化」，從不可知進入未知（無意識的心靈），再朝向已知（自我意識）。簡言之，人類的心靈構造具有從非心靈真實的身體與精神兩端，汲取素材並加以「心靈化」的能力。

如果在實際的臨床情境仔細觀察心靈生活，本能的驅力內容從來不曾完全擺脫心理樣態與意象的影響。真實的情況通常是兩者兼而有之。這是因為本能「本身具有其情境的模式。它總是要滿足某個意象，而該意象又具有固定的特質。」本能的功能非常明確，因為它們由意象引導，依模式形塑，而意象與模式也構成了本能的意義。榮格在此將原型，也就是基本的心理模式，與本能連繫起來。本能由原型意象導向。但是原型也可能像本能一樣表現：

當原型以規範、修正和推動的方式，干預意識內容的形塑時，它們就像本能一樣作用。因此我們很自然的假定，這些因素（原型）與本能有關，也會探求這些集體形式原則所代表的典型情境模式，是否最終與本能或行為的模式相同。

——《榮格全集》第八卷

原型模式與本能衝動是如此密切相關，以致我們可能會很想要把其中一項化約成另一項，宣稱兩者之一享有優位性。這是弗洛依德式的選擇，但是榮格視它為生物學的化約主義，而予以拒斥。弗洛依德會主張說，原型（雖然他並未使用此一術語）只不過是性慾與死慾兩種本能的想像表徵罷了。這種選擇把原型設定成本能的意象及其衍生物。榮格承認這個論證不容輕忽：「我必須承認到目前為止，我尚未掌握任何足以否定這項可能性的論證。」因為榮格無法明確的證明原型與本能並非一致，所以生物學的化約主義仍然有其可能性。不過他也知道：

原型出現時有一種獨特的神秘性質，如果「奇幻的」這個字眼太強烈的話，就只能將它們描述成「精神的」。因此這個現象對宗教心理學而言，具有極大的意義。它的效應是再清楚不過的，它不是具療癒性就是具毀滅性，但絕不會毫無作用，當然前提是它必已臻於相當明顯的程度。這個層面用「精神的」

來形容，比起其他的字眼都要來得適切。原型在夢境或幻想的事物中以精靈的形態出現，或甚至以鬼魂之姿現身，都是常有的事。它的超自然性自有其神秘光環，它對感情也有相對應的影響。它對那些自認高高在上，不受任何這類人性弱點影響的人，卻撩起了他們的哲學信念。它往往以前所未有的熱情與冰冷的邏輯，趨向它的目標並將個人主體置於它的魔咒控制之下。因此，儘管當事人極端抗拒，也無法逃脫掌握，最後甚至連逃脫的想法也不再有。因為這個經驗帶來的意義，其深刻與豐富的程度是他從前無法想像的。

——《榮格全集》第八卷

原型意象及其衍生的觀念，具有強大力量能夠左右意識，其強勢程度與可被辨識的本能不相上下。這使得榮格相信原型不侷限於本能，心靈不能化約成身體，心也不能化約成腦。

當自我遭遇某種原型意象時，可能會被擄獲、壓制或甚至放棄想要抗拒的意念，因為這個經驗讓人覺得非常有內涵和有意義。認同原型意象與能量，構成榮格對自我膨脹的定義，甚至也是精神病的定義。例如，有魅力的領袖以強而有力的言詞說服群眾，並以觀念刺激行動。這些觀念在被催眠的追隨者與真正的信徒生命中，突然成為最重要的事情。生命本身可能會因為國旗、十字架等意象，以及像民族主義、愛國主義、忠於個人的宗教或國家等觀念而被犧牲。個人會投入聖戰和無數其他非理性或不切實際的行動，因為參與者覺得「這讓我的生命有意義！這是我所做過最重要的事情。」意象與觀念強而有力的推動自我，並產生價值與意義。認知往往超越、控制本能。

相對於本能對心靈造成的衝擊——當個人覺得被生理的需要或必然驅策時，原型的影響則會使個人籠罩在巨大的觀念與意象中，兩者皆以類似方式動態的影響自我，它被掌握、擄獲和驅策。

「因為它與本能有關，所以原型代表的是心靈的真正要素。不過這個心靈不可與人類的理智混為一談，因為它是後者的『精神指引』(spiritus rector)。」因為心靈與理智間的區別易於混淆，所以榮格努力澄清，他所說的不是思考的功能，而是可以指引自我及其許多功能的「精神指引」。為原型意象所控制，個人的思考功能便可能用來合理化原型的概念，並使其付諸實現。甚至有可能變成一位神學家！當神學家被原型觀念控制時，他們會製造精緻的合理化理論，以便把他們的原型心象和觀念，整合納入文化的脈絡中。但是並不是思想的功能掌控和促成他們的努力，而是根植心中的原型心象要素引導思想的功能。榮格大膽的說，「所有神話學、宗教和主義的基本內容，都是原型的。」

原型與本能的關係

雖然本能與原型確實「像對應物般」的相互連屬，榮格顯然並不願意說原型可以被化約成本能，反之亦然。它們像對應物般密切相關，而且「像我們心中潛藏所有心靈能量下的對立倒影一樣，比鄰而存。」心靈存在於純粹的身體與超越的心靈，以及物質與精神之間，而「心靈過程則似乎是精神與本能間能量流動的平衡。」心靈是一種介乎兩者之間的現象，而它過程的「表現，就像一個意識『逐步下滑』的量表一樣。有時它會處於本能的勢力範圍而受其影響，有時則會滑向另一個精神主控的極端——在此精神甚至已吸納與其完全對立的本能過程。」在心靈的「弱項」與「強項」之間，以及本能與精神原型的極端之間，有一種永恆的往復穿梭。雖然意識「在可能被全然本能的原始狀態和無意識吞沒的持續恐懼中」掙扎著，但另一方面也抗拒被精神力量完全掌控（也就是精神病）。然而，當一切井然有序時，原型提供本能形式與意義，而本能則提供原型意象原始的生理能量，以幫助它們實現「人類天性所追求的精神目標：它就是百川匯聚的大海，也是英雄與恐龍爭鬥競逐的獎賞。」

榮格將心靈建構成一個光譜圖案，原型在紫外線這端，而本能則在紅外線那端。

「因為原型是本能力量形成原則，所以它的藍色被紅色污染，於是變成紫色；或者我們可以把這個直喻解釋成，某種被提昇到更高頻率的本能淨化，就像我們可以從波長較長的潛伏（也就是超越的）原型，很容易就汲取本能一樣。」在實作與真正的經驗中，本能與原型總是以混合而非純粹的形式出現。心靈光譜的原型與本能兩端在無意識中相遇，它們彼此掙扎、混雜並結合形成能量與動機的單元。然後以衝動、進取、觀念與意象等形態出現在意識中。我們在心靈中經驗到的內容首先被心靈化，然後被包裹在無意識中。

想像有一條通過心靈，把本能與精神兩端連接在一起的線。這條線的一端連在原型上，另一端則在本能上。它通過「類似心靈的」領域，把訊息與資料傳遞到集體無意識，然後再進入個人無意識。這些內容從那兒進入意識，本能的知覺與原型的表徵是實際心靈經驗的資料，而非本能與原型本身。此一光譜的兩端都無法直接經驗，因為兩者皆非心靈的。心靈在光譜的兩端轉弱成物質與精神。被經驗成原型意象的事物，「乃是指向那本質上『無法代表的』基本形式之不同結構。」所有的原型資訊的模式都來自於同一個源頭，這個實體超越人的理解，榮格稱為本我（self）。這個基本形式「由某些形式要素與基本意義所定性，雖然它們也只能提供概略的了解。」這個術語是榮格的上帝。（本我將在第七章詳細討論。）連結本我與自我意識的原型意象，形成一個中間區域，榮格稱為阿尼瑪（anima）與阿尼姆斯（animus），是靈魂的領域（將在第六章處理）。依據榮格的觀點，代表阿尼瑪與阿尼姆斯領域的多神宗教源出於此；而指向本我原型的一神宗教亦奠基於斯。

在榮格的地圖上，心靈是位於純粹物質與純粹精神、身體與超越心靈以及本能與原型之間的區域。他把它看成是光譜兩端之間展延出來的事物，而光譜的兩端都有允許資訊進入心靈的窗口。心靈兩端是產生身心症狀與超心靈事件等準心靈效應的「類似心靈」領域。當資訊通過該領域時，會被轉化成為心靈本身。在心靈中物質與精神交會。首先這些資訊包裹傳遞到集體無意識，在那兒它們多少會被已經在無意識中的其他內容污染。最後，它們可能以直覺、影像、夢境、本能驅力的知覺、意象、情緒和觀念的形式進入意識。自我必須處理浮現的無意識內容，判斷它們的價值，有時還要決定是否依此行動。要如何適切處理這些從內心深處入侵的事物，便成為加諸自我意識身上的負擔。

5 JUNG'S MAP OF THE SOUL

人格面具與陰影
／自他關係中的顯像與隱像

Persona and Shadow
The Revealed and the Concealed in Relation with Others

人格面具是我們經由文化薰陶、教育以及對物理與社會環境適應的產物。

自我意識拒絕的內容便成為陰影，而它積極接受、認同和吸納的內容，則變成它自己以及人格面具的一部分。

從心理學的角度看，人格面具是一種活動的情結，其功能既有隱藏個人意識思想與情感的一面，也有將它們顯露給他人的一面，人格面具這個情結擁有相當高的自主性，不完全受自我的控制。

心靈由許多意識的部分與中心組成，是榮格早期的觀察，後來則發展成為理論的命題。在這個內在宇宙中，不只一個星球，而是有整個太陽系及其他更多的星系。我們可以說人有「一個」個性，但是事實上卻是由一群次級人格組成的。

榮格深入說明這些次級人格的情形：首先是自我情結，然後有許多比較不屬於個人的情結，其中父親與母親情結是最重要而強力的兩個，最後我們可以發現許多原型的意象與聚合體。就某種意義而言，我們是由許多有可能分歧的態度與傾向所構成的，而它們很容易就會彼此對立，並製造出導致精神官能性人格的衝突。我在本章中將討論一組這類的分歧次人格——「陰影」與「人格面具」。它們是互補的結構，存在於每個進化人的心靈中。兩者皆從可感知的經驗中取具體的事物命名。陰影是我們向光而行時，平行投注在我們身後的影像。與其對立的是人格面具，是取羅馬語中演員的面具之意。它是我們面對周遭的社會時穿戴的面皮。

在生命的最初，人格是簡單而未分化的單元。它沒有形體，是潛能而非真實，它就是整體。當啟動以後，這個整體便開始分化成許多部分。開始有自我意識浮現，當它成長時，卻把整體的本我拋置在如今的「無意識」中。無意識反而結構化成為圍繞在意象、內化體以及創傷經驗四周的物質群，形成了次級人格，也就是情結。情結（我在第二章討論過）是自主的，並顯現出它們自己的意識。它們也聚集了一定的心靈能量，擁有自己的意志。

自我的陰影

自我無法控制的無意識心靈要素之一便是陰影。事業上，自我對它自己甚至投射出陰影一事，往往毫無所覺。榮格用「陰影」一詞來說明的心理事實，在想像的層次比較容易體認，而在實際與理論的層次則較難了解。他要突顯的是，多數人身上惡名昭彰的無意識。然而，最好不要把陰影看成是一樣東西，而要把它想成是「陰影的」或「在陰影中」（例如，隱藏的、在某人身後、在黑暗中）的某些心理特性或品質。**正常整合自我的人格中，若有某些部分因為認知或感情分裂而壓抑，就會陷入陰影。**陰影的內容會依自我的態度，和它的防衛程度而改變。**一般而言，陰影具有不道德或至少不名譽的特性，包含個人本性中反社會習俗和道德傳統的特質。陰影是自我施展意向、意志和防衛的無意識層面。也就是說，它是自我的背面。**

每一個自我都有陰影。這是無可避免的。在適應面對世界的過程中，自我非常不智的役使陰影，來實現那些若不沾染道德瑕疵就無法完成的齷齪事。在不為自我所知的情況下，這些保護性和自我服務的活動，是在黑暗中完成的。陰影的運作很像國家的情治系統——政府首腦並不完全知情——因此它可以否認過失。雖然內省可以某種程度將這些陰暗的自我運作搬上意識的檯面，但是自我對陰影覺醒的防衛通常是如此有效，因此幾乎不可能穿透它們。要求閨中密友或是老夫老妻坦白他們的感受，通常比內省的方法更容易蒐集到自我陰影運作的訊息。

假如自我的意志選擇與意向作用可以被深度追蹤，那麼我們就可以到達黑暗冰冷的領域，在那裡我們可以清楚的看到，自我在它的陰影中具有極端自私、任性、無情與掌控的能力。此時個人純粹是自我中心的，不惜任何代價要完成權力與享樂的私慾。這個自我中的黑暗之心，正是神話故事演出的人類邪惡的定義。莎士比亞的《奧塞羅》（*Othello*）劇中人物雅哥（Iago）就是典型的例子。在陰影中駐有一切熟悉的重大罪惡。榮格將弗洛依德本我（id）的概念等同於陰影。

假如陰影的特性有某種程度被意識察覺和整合，那麼當事人會非常不同於常人。多數人不知道他們是非常自我中心和自大的，他們想要表現出不自私的樣子，並且能控制它們的好惡與享樂。人們傾向把這些特質隱藏在幕後不讓自己和他人知道，反而裝出一副看起來體貼、細心、憐憫、知恥和親切的樣子。不按這種社會常規行事的例外人士，是那些具有「負面認同」的黑色份子。他們對自己的貪婪與暴力自鳴得意，並且在公眾場合誇耀這些特質，然而在他們隱藏的陰影面，卻是脆弱而十分情緒化的。

還有一些例外是那些蠻不在乎的人，也就是壞到骨子裡的惡徒，例如像希特勒和史達林等惡名昭彰的人，掌握如此大權以致他們可以極度沉溺在他們邪惡的情緒中。然而多數人認為自己是高尚的，並依據社交圈的禮儀行事，只有在意外情況、夢中或情況緊急時，才會顯露出陰影的特質。雖然自我的陰影面仍然影響著他們，但是通過無意識對環境與心靈的操控，可以使某些意願與需要在社會接受的形式下得到滿足。然而，自我在陰影中要得到的東西，本身並不一定是壞的，而且一旦能面對陰影，它也不如想像中的邪惡。

陰影無法由自我直接經驗。因為是無意識，所以它被投射到他人身上。例如，當某人被一個非常自我中心的人極度激惱時，此一反應通常就是某個無意識陰影被投射出來的信號。當然對方必須提供一個讓陰影投射的「掛勾」才行，因此在這類強烈的情緒反應中，感覺與投射間往往是混淆不清的。心理幼稚或防衛抵抗的人，會專注為其感覺辯護，而忽略投射的部分。這種防衛的策略當然不可能從經驗中覺察到陰影的特質，也不可能將它們整合。相反的，防衛的自我所堅持的是自我正義的感覺，並將它自己化身為無辜的受害者，或單純的旁觀者角色。別人是邪惡的怪獸，而自我覺得像是無辜的羔羊。代罪羔羊就是這樣來的。

陰影的形成

構成這個內在結構——陰影——的內容與特質，是由自我發展的過程所選擇的。**自我意識拒絕的內容便成為陰影，而它積極接受、認同和吸納的內容，則變成它自己以及人格面具的一部分。**陰影是由與意識自我和人格面具不相容的特徵與質素來界定的。陰影與人格面具兩者皆是與自我疏離的「人物」，它們與我們自我認定的意識人格同處於心靈中。有一位榮格稱為人格面具的官方「公眾人物」，它與自我意識多少有些同質性，並形成個人在心理與社會層面的認同。雖然因為它與社會規範和習俗相容，自我和它比較相安無事，然而它和陰影一樣也是與自我疏離的。陰影人格在目光之外潛藏著，只有在特定的場合才會出現。在一般情況下這個人物是不太被覺察到的。人格面具就明顯多了。它扮演日常適應社會環境的官方角色。**陰影與人格面具像是一對兄弟或姊妹，一位站在公眾面前，另一位則躲在一邊隱蔽著。它們是各種對比的呈現。**如果一位是金髮，另一位則是黑髮。如果一位是理性的，另一位就是感性的。納西瑟斯（Narcissus）與戈曼德（Goldmund），傑克博士（Dr. Jekyll）與海德先生（Mr. Hyde），該隱與亞伯，夏娃與麗莉（Lilith），阿弗羅黛與希拉，都是成對人物的例子。兩者彼此互補，但更多的時候是對立的。**人格面具與陰影通常正好是彼此的對立面，但也親近得像孿生子一樣**。

人格面具是我們經由文化薰陶、教育以及對物理與社會環境適應的產物。我前面提過榮格從羅馬劇場借用這個名詞，指的是演員所戴的面具。戴上面具後演員便在劇中扮演某個特定的角色與身份，他的聲音是經由面具臉龐上切割出來的嘴型向外發出。**從心理學的角度看，人格面具是一種活動的情結，其功能既有隱藏個人意識思想與情感的一面，也有將它們顯露給他人的一面。人格面具這個情結擁有相當高的自主性，不完全受自我的控制**。一旦融入角色，演員往往便不自覺的流利說出他的臺詞。某人在雨天時問到「你好嗎？」，眨眼間你毫不猶豫的回答說「很好，那你呢？」人格面具使得閒暇的社會互動進行得更為順暢，它可以撫平原本或許會造成尷尬和人際不安的粗糙互動。

具有互補功能的陰影情結是一種對立的人格面具。陰影可以被視為一種超人格，想要獲得人格面具所不允許的事物。歌德《浮士德》(*Faust*) 中的魔鬼梅菲思托夫里斯 (Mephistopheles) 就是陰影人物的經典範例。浮士德是個無趣的知識分子，洞明一切、博覽群籍，學遍所有他想知道的知識，但是他卻油枯燈盡得喪失了生存的意志。當一隻小獅子狗突然與他不期而遇，並變成魔鬼梅菲思托夫里斯時，他沮喪得想要自殺。

魔鬼梅菲思托夫里斯引誘浮士德拋下他的研究，與他一起走入世界，去經驗他感官的另一面。他把浮士德帶到較弱的感性功能上，興奮而戰慄的浸淫在原本死寂的情慾生活中。這一方面的生活是他身為教授與知識分子的人格面具所不允許的。在梅菲思托夫里斯的指引下，浮士德經歷榮格所謂的**「逆反轉向症」**，也**就是一種人格轉向其對立角色類型的病症**。他擁抱陰影，而且在一段時間內確實與此一面向的能量和特質形似。

對已經認同人格面具，和它所肯定的價值與特質的自我而言，陰影充滿腐敗與邪惡的臭氣。梅菲斯特夫里斯確實是邪惡的化身，是徹底的、有意的破壞。但是與陰影的遭逢也為浮士德帶來轉化的效應。他發掘出新的能量，於是生命不再無趣；他同時也開始冒險，最終為他自己帶來更完整的生命體驗。整合陰影是最棘手的道德與心理問題。**如果個人完全躲避陰影，雖然生活合於規範，但卻不完整得可憐。向陰影開啟的經驗雖然會使個人遭致不道德的玷污，但卻可以達到較大程度的整體感。**這真是與魔鬼的交易。**它是浮士德的兩難困境，也是人類經驗中的核心問題。**在浮士德的案例中，他的靈魂終能得救，但卻是神的恩典使然。

榮格在他正式的寫作中，並未對陰影做太多鋪陳，不過他確實賦予人格面具有趣而細膩的解釋。從這方面的資料，我們也可以得出關於陰影，以及它在人格中形塑的若干資訊。現在我將更進一步觀察榮格對人格面具的論述，以及它在心靈中的地位與形態。

他對這個名詞的定義見於一九二一年出版的重要著作《心理類型》中。這本著作以一章名為〈定義〉（Definitions）的長篇作結，榮格試圖在此章中對他從心理分析凝煉出來的術語，直接取材自一般心理學的術語，以及他為分析心理學自創的名詞，儘可能的加以澄清。從心理學與心理分析的角度而言，人格面具一直是榮格自己特別的智慧財產。該章最長的第四十八段（Section 48）在解釋「靈魂」一詞，人格面具就在這裡被討論。榮格在此針對人格面具與阿尼瑪這兩個互補的結構進行思索。我將在下一章討論阿尼瑪這個概念。

今日，「人格面具」一詞已經被接受成為心理學與當代文化的詞彙。它常常在大眾語言、報紙和文學理論中被使用。**意思是「呈現的人」，而非「真正的人」。人格面具**

是為某種特殊目的而採用的心理建構與社會建構。榮格選擇它做為自己的心理學理論，是因為它與社會中角色的扮演有關。他感興趣的是，人們如何扮演特定的角色，採取某種約定俗成的集體態度，以及表現出社會與文化的刻板形象，而不是承擔、活出他們自己的個性來。這當然是眾所周知的人類特質。它是某種複製品。榮格只不過是給它一個名稱，並把它放入自己的心靈理論罷了。

榮格對人格面具所下的定義，從澄清許多精神與心理研究已經發現的某個論點著手。精神與心理學家發現，人類的性格不是簡單而是複雜的構造，它可能在某些特定的狀況下分裂破碎，而且在正常的人類心靈中有許多超人格存在。不過，「這種人格多元的現象，很明顯的不可能出現在常人身上。」換言之，雖然我們並不是臨床意義上的「多重人格」，但是確實表現出「性格分裂的痕跡」。常人只是病理學發現症狀中比較不誇張的例子罷了。「我們必須在不同的情況下非常貼近的觀察一個人，才會了解環境的轉換變化，是如何造成人格的顯著變化……『在外天使，在家魔鬼』。」這樣的人在公共場合總是滿臉笑容、生張熟魏、故做熱情、外向親和、無憂無慮、談笑風生；回到家後他卻變得滿臉不悅、性情乖戾、不與小孩交談、彆扭得埋首報紙，而且可能會有言語或其他方式的暴虐傾向。性格是情境的產物。傑克與海德的故事所代表的正是這種情況的極端形式。另一個具有相同主題的小說是《格雷的畫像》（*The Picture of*

Dorian Gray），故事中的主角把他自己的畫像束之高閣。隨著年華老去，他的畫像也為之褪色，顯現出他真正的本質與個性；然而他卻繼續以沒有皺紋的形象出現在公眾場合，一派年輕、世故、歡樂的模樣。

榮格繼續討論有關人類對社會環境敏感的迷人主題。人們通常對他人的期待很敏感。榮格指出像家庭、學校、工作場所等特定環境，會要求個人抱持某種特定的態度。榮格這裡所謂的「態度」意思是「對某種既定事物的先驗傾向，不論此一態度能否反應在意識的內容上。」雖然態度可以是潛伏和無意識的，但是它持續地運作、引導個人面對特定的情境或環境。此外，態度是「能夠……決定行動方向的綜合心靈因素或內容。」因此態度是性格的特質。某種態度持續的時間愈長，被用來滿足環境要求的頻率愈高，那麼它就愈可能變成習慣性的傾向。誠如行為主義所說的，某種行為或態度被環境強化的頻率愈高，它就變得愈強、愈牢不可破。人們可以被訓練發展出適應特定環境的態度，並以特定的方式反應，依它們所受訓練的信號或暗示來行動。一旦某種態度完全發展成形，要引發行為的唯一條件只是適切的暗號或機關。榮格在一九二〇年觀察到這個現象，此時也正好是北美行為主義根基漸穩之際；此一學派由瓦特森（John Broadus Watson）所領導，他的第一本主要著作於一九一三年出版。

與在同質性較高的鄉間或自然環境居住工作的人們相較，許多受過教育的城市居民在兩種截然不同的環境中活動：家居生活圈與公共世界。這種情況在榮格時代的歐洲男性又較女性顯著。與榮格同時代和同樣文化背景的男性，工作與家居的環境涇渭分明，他們必須對完全不同的環境做出反應，每個環境各有一套不同的行動暗示。「這兩種截然不同的環境所要求的態度也截然不同，而依據自我當時認同此一態度的程度，則會產生人格的複製。」

我有一個朋友在某政府單位擔任中階的經理職務，所以必須在公開場合為他部門的部屬，立下價值與行為模式的基調。政府部門是一個環境，而他從其他方面發掘出正確的價值，然後再傳達給他部屬。例如，他們必須對不得歧視、性別差異以及平權行動等議題具有足夠的敏感度。我的朋友告訴我，他能夠在工作場所輕易的扮演好此角色，但是當他在自己家中看電視時，卻有非常不同的反應。那時他是極端的保守主義者。在工作場所他是個自由開明的現代人。然而他的自我卻無法強烈認同工作環境中的態度。他有一個收放自如的人格面具，也就是很容易戴上脫下，而又不會去認同的那個面具。我的朋友心裡很明白，他並不認同那個工作場合的人格面具。

但是自我確實常常會認同人格面具。「認同」這個心理學名詞所指的是自我吸收，統合外在事務、態度與人物的能力。這或多或少是一個無意識的過程。個人就是覺得自己不經意的模仿著他人。雖然個人也許不會注意到它，但是其他人卻能看到模仿的痕跡。原則上，我們可以說自我與人格面具是相當分離的，但是在實際的生活中卻往往不是如此，因為自我傾向認同它在生活中所扮演的角色。「家庭內展現的個性基本上受到情緒要求，以及因舒適方便而遷就的態度所形塑。為什麼在公共生活充滿活力、意氣風發、頑強任性而魯莽的個人，常常會在家庭內表現出善意、溫和、柔軟，甚至軟弱的一面呢？哪一個才是真正的個性、真正的人格呢？這個問題往往是無法回答的。」

即便如此，自我並不限於人格面具的認同。人格面具最多只會在自我面向社會環境的邊緣四周，緊密包裹出一片夾層。但是人們通常依然能夠了解角色與真正內在認同的差異。自我的核心既是原型的，也是個人的。這是微小、不動的反思之點，也是「我」的中心。自我核心的原型彼端是純粹的「我是」，是立即自我的顯現。只有「我是某某」（參見第一章）的存在。

然而在個人此端，自我是會受到外在力量影響所貫穿的。當自我認同新的內容時，這些影響會深入自我把純粹的「我是」推到一旁。這是自我的「學習」，我們通過學習知道自己的名字。然後我們變成我們的名字，認同名字的發聲。當自我認同人格面具時，它便覺得兩者一般無二。於是我「是」我的名字、我「是」我父母的兒子、姊妹的兄弟。一旦這種認同確立，我不再只是「我是我」，而是生於某某日，擁有特定個人歷史的王小明。這就是現在的我。我認同我的記憶，認同對自己過去的建構，以及我的某些特質。這麼一來，純粹的原型「我是」於是變得模糊不清，開始隱藏起來或完全從意識消失。如此個人便把所有的認同及真實感，真正的依附在人格面具上，更不用說個人的自我價值與歸屬感了。

當然這種情況也可能會變動。有時個人可以處於純粹的「我是」狀態，不認同特定事物。其他時候則堅定的認同某些內容或特質，並且把心力高度集中在人格面具的形象上。詩人艾略特（T. S. Eliot）說貓有三種名字，一種大家都知道，另一種只有少數人知道，還有一種只有貓知道！第一種和第二種指的是人格面具，第三種指的則是自我的原型核心。

人格面具的兩個來源

榮格發現人格面具的兩個來源：「符合社會條件與要求的社會性角色，一方面受到社會期待與要求的引導，另一方面也受到個人的社會目標與抱負的影響。」前者來自社會的期待與要求，包括必須做到某種類型的人、依據社會習俗適當的行為，以及相信某種對真實本質的命題（像是認同宗教教義）。第二個來源則包括個人的社會企圖心。

為了使社會能夠影響個人的態度與行為，個人必須想要歸屬於社會。自我必須被激勵去接受社會要求提供的人格面具特質與角色，否則它們就會被避免掉。那麼就完全沒有認同可言，個人與社會間的某種協議必須產生，以便使人格面具能成形落實。否則個人便在文化邊緣過著孤立的生活，永遠是成人世界中某類不安的青少年。這與特立獨行、漠視社會規範的反叛英雄不同。那是另一種人格面具，是由社會全體所提供的。其中有許多角色可扮演。

一般而言，角色愈尊榮，則認同它的傾向愈強。人們通常不會認同像是拾荒者或清潔工等低下階層的人格面具角色，或甚至經理和督學等中產階級的角色。假如他們認同這些角色，往往都是幽默式的自嘲。這些職務有它們自己的價值與尊嚴，但是它們並不代表社會人驕傲扮演的角色，強烈認同它們的誘惑是極有限的。角色認同通常受到野心與熱切的社會期望所激勵。例如被選上美國參議員的人，所獲得的角色具有高度的集體價值與相當的名望，名望、榮譽以及高社會能見度隨之而來，而擔任參議員的人有與這個角色融合為一的傾向，甚至連他的密友也被要求以高度尊重的態度對待他。據說在約翰・甘迺迪當選美國總統之後，甚至他親近的家族成員也稱呼他總統先生。

在柏格曼（Ingmar Bergman）自傳式電影《芬妮與亞歷山大》（*Fanny and Alexander*）中，一個小男孩被送去跟一位可怕暴虐的主教同住，這位主教情緒冷漠而且極端認同宗教的人格面具。主教在劇中的一景酣夢著。他在夢裡掙扎著要撕去他無法放下的面具，結果他把自己的臉連同面具一起拉下來。主教的自我與他的人格面具完全合而為一，因為那個角色保證了他個人生命中的渴望。主教在社會中無疑是一個高階的人物。醫生、將軍與王族也被賦予類似的人格面具，能夠吸引強烈的認同。然而，惡夢中的主教卻試圖揭去自己臉上的面具。為什麼？

自我與人格面具的關係並不簡單，因為這兩種功能性的情結具有矛盾的目標。自我基本上朝向分離與個體化而行，首先在無意識外，然後也在家庭環境外確立地位。在自我中有一種朝向自主，朝向能夠獨立運作之「我是」的強烈運動。同時自我的另一部分，也就是人格面具根植的所在，則朝向相反的方向運動，也就是與客體世界聯繫適應的運動。這是自我中兩種相反的傾向：一方面是分離與獨立的需要，另一方面則是關聯與歸屬的需要。自我要求分離／個體化的激烈慾望往往奠基於陰影中，因為它對團體生活與個人的福祉同樣具有威脅性。客觀而言，我們都需要他人才能夠獲得身心的存活。自我為了尋求生存的保障，朝向與當前環境發生關聯和適應的方向運動，提供了人格面具固著的機會。於是這就變成個人對世界的自我呈現。

人格面具的發展

自我中個體化／分離與社會強制性之間的衝突，產生許多自我的基本焦慮。個人如何才能既被他人接受喜歡、涵容他人的需要願望，又能夠成為自由獨特的個體。基本衝突的一個來源，顯然存在於自我與人格面具的發展間。在初成年時，個人希望自我與人格面具都已得到充分的發展，以便使自我求獨立與關聯的雙重需要都能得到滿足，而同時人格面具也已做出相當足夠的適應，使自我能夠在現實的世界中生存。著名的天才如華格納、貝多芬與畢卡索，似乎是這項規則的例外，因為他們的天賦異稟保證他們得以卓絕的程度做自己。他們的奢侈可以被原諒，因為他們對世界提供的貢獻以做為補償。

自我並未特意選擇認同某個特定的人格面具。人們往往發現自己身處必須求生存的環境，大多數人因此勉力向前。家庭排行是一項重要的因素，性別也是。小女孩或小男孩觀察其他小孩的行為並跟隨模倣。小女孩試探母親的態度，同時也試穿母親的衣服。小男孩有時也會試穿母親的衣服，他們的父母便開始擔心起來。衣服代表的正是人格面具。小男孩更常模倣父兄，隨著他們穿戴帽子，假如他人做出傲慢吹噓和輕蔑吐痰的動作時，他們也會亦步亦趨。性別當然是我們早期自我辨識的一種方式，而這些特色也被吸納在人格面具中。年輕人了解如果他的行為正確，並以合乎性別的態度回應，就會得到某種方式的對待。這可能會非常自然的發生在個別小孩身上，也許不會。有時人格面具配合得恰到好處，有時則非如此。最後某種至少合乎（如果不是提昇的話）性別吸引標準的態度於焉形成。（與性別和性別認同相關的深入議題將在下一章討論。）

人格面具的發展有兩項潛在的陷阱。其中一項是對人格面具的過度認同。個人對取悅與適應社會變得過度關切，並相信這個建構的形象就是人格的全部。另一個問題是，不能對外在的客體世界付出足夠的關懷，而太過沉浸在內在的世界中（榮格以阿尼瑪或阿尼姆斯的佔有來描述這種情況）。這樣的人關注的是衝動、願望、慾望和幻想，被那個世界掌握得太過徹底；因為太過認同它，以致對他人的注意力付出不夠。結果這類人便有不體貼、盲目、不與他人接觸等傾向，只有在被最嚴厲的命運打擊時，才會被迫放棄這些特質。

人格面具的發展在青少年時期及成年初期是個典型的重大問題，此時內心世界有許多活動在奔騰；一方面有許多的衝動、幻想、夢境、慾望、意識型態與理想主義，一方面又有許多要求一致的同儕壓力。要與較大的社會環境發生連繫，也許看起來是非常原始而共同的期望，但其間的平衡卻受到某種次級團體心態破壞，也就是對同儕團體及其集體價值的認同。這種對同儕團體的認同，協助青少年從父母處解放出來，是跨出成熟必要的一步。同時，青少年也確實盲目得不知體恤，幾乎完全漠視客觀世界的存在，活在凡事可以無堅不摧的幻想中。成人慣用膨脹自大等字眼，來描述這種內在世界肥大，而對外在現實適應不良的複合現象。另一方面，某些青少年對成人的價值與期待，又投注過高的關心。穿著成人的前扣式襯衫，攜帶手提箱，十五歲的談吐像是集團的律師一樣，他們過度的遷就家庭與文化的期待，以致並未發展出太多的個人認同來。他們只是朝向文化形式的刻板形象發展，成為不成熟人格面具調適的受害者。

內向者與外向者都需要發展出一個人格面具，因為這兩種心理類型都必須與客體世界相連繫。然而對外向者而言，人格面具的發展過程較內向者簡單。外向者的里比多朝向外在事物而去，並固著在那兒，他們對事物了然於胸，與其發生連繫也沒有太大的困難。對內向者而言，注意力與心靈能量流向外在事物又再回到主體，這樣與外在事物形成的關係較為複雜。對內向者而言，事物不僅只在心靈外存在，同時也深刻的存在於心靈內。這種執著使得情況比較困難。因此，外向者比較容易找出適當的人格面具。他們對客觀世界的態度比較從容，因為它對他們的威脅不是那麼貼近。內向者的人格面具比較含糊不清、怯懦和不確定，在每一種情境各不相同。

然而對每一個人而言，人格面具都必須扮演與事物發生連繫和保護主體的角色。這是它的雙重功能。內向者固然能在少數人面前表現得非常外向，但是在大團體中他們卻會退縮消失，人格面具往往覺得不恰當，特別是在與陌生人相處和個人角色不定的情境中更是如此。雞尾酒會也許是一種折磨，但是在舞台上扮演一個角色卻可能是全然的享受與快樂。許多著名的演員往往是相當內向的人。私底下他們可能很害羞，但是在既定的公共角色下他們覺得被保護、有安全感，而且可以像想像中最外向的人一般的表現。

當人格面具在強勢的心理發展系絡中被創造性的運用時，它的功能既在表達，也在遮掩人格的某些面向。適切的人格面具寬闊的程度，應該不僅能表達社會認為適切的人格面向，它同時也應該是真誠而合理的。只要人格面具是個人人格的真實表現，認同它並不會造成太大的傷害。當然它會隨年齡而變，當個人進入新的人生階段時，新的人格面具也會隨之出現。例如，在社會上外向活躍的人，當他們邁入五、六十歲時，會變得比較內向。在人生的後期，個人也會了解、覺得人格面具是真實誠懇的，和完全無意識的認同它是不同的。

本質上，做為自我與世界間心靈肌膚角色的人格面具，不僅是與事物互動的產物，同時也包括了個人對這些事物的投射。我們是依據自己對他人的感知，以及我們主觀的願望而調適的。這可能與其他人對他們，或當事人對自己的看法相當不同。包裹在人格面具組織中的是種種心理投射，它們源自像父母親等情結，然後經由內射（introjective）過程回歸主體，再進入人格面具中。這是為什麼兒童早期經驗，對成人的人格面具會有如此深遠的影響。即使早已長大且脫離父母的管束多年，他們仍然持續影響當事人的人格面具，因為他們通過父母親情結投射到世界中，個人的人格面具不斷針對它們做出調整。我們早已不需要做個乖寶寶，但卻依然如是。把人格面具從一個情境帶到另一個情境之所以會有問題，是因為在主體不斷努力調適的過程中，原有的情境被投射到嶄新、非常不同的情境。這就是弗洛依德觀察到的「移情現象」。兒童期的相關關係，被轉移成醫生護士關係的新情境。在當事人了解到環境多麼不同之前，他會保留舊有的慣性行為，把新環境當成熟悉的舊環境來反應。

人格面具的轉化

自我的原型核心不會一下子就改變，但是人格面具依據自我對環境改變的感知，以及它與其互動的能力，會在人生的過程中有多次的修正。第一項重大的改變發生在兒童期過渡到青少年期時，另一項重大的改變則發生在青少年期過渡到成年期時；還有一項發生在成年期轉換到中年期的階段，最後一項則是發生在轉換到老年期時。有能力的自我在面對這些調適的挑戰時，都會在自我概念與人格面具的自我呈現上做出適當的改變。人們依據他們的年齡、婚姻狀況、經濟社會階級與同儕團體偏好，會對自己有不同的看法、穿著不同、髮型不同、買不同的車和房子。這一切都是人格面具改變的反映。

當然，個人在一生中擔任的各種角色，具有集體以及相當程度的原型基礎。和每一種功能性的情結一樣，人格面具有一個原型的核心。人類所有的團體中都有某些可預測的典型角色有待滿足。例如，初成年就老氣橫秋的小孩，中老年時仍然惡作劇的壞精靈小孩，以及從年輕時便一路調情誘惑過來，令人神魂顛倒的「命運之女」（Femme Fatale）等都是。家庭對孩子與成年成員，會以典型的方式指定角色給他們。孩子們的排行順序對他們採用的人格面具，往往扮演重大的角色。長子是擔負責任的小大人，中間的小孩是協調者，么兒則是創意的嬰孩。黑羊的角色古來即有，隨處可見，代罪羔羊也是如此。人們在家庭和團體內由無意識的動能指定這樣的角色，當他們在兒時接受這些角色後，終其一生往往就會以某種形式伴隨著他們。

是什麼原因造成人格面具緊黏著人們不放？部分的原因是認同感和十分熟稔之

故。它提供了一個心理與社會層面的認同。不過恥感也是一個基本的動力因素。**人格面具保護使人免於羞恥，避免羞恥可能是發展和緊握人格面具最強大的動機**。班尼迪(Ruth Benedict) 論羞恥與罪惡文化的作品顯示，西方國家的特質是罪惡文化，而東方國家相對的則是羞恥文化。羞恥文化比罪惡文化更強調人格面具，因為如果某人失去「面子」的話，便有可能會尋死。失去面子是最嚴重的危機。罪惡文化的情況則大不相同，罪惡可以被減輕或救濟，罪人可以付出代價重新被社會接受。

罪惡涉及的是不連續的行動，而羞恥則抹去個人所有的自我價值感。羞恥比較原始，也是比較可能具有破壞力的一種情緒。我們的行事若與所採用的人格面具格格不入，要不是覺得罪惡，就是深感羞恥。這是對人格陰影的了解。陰影引發羞恥，是一種沒價值、不清潔、被玷污和無用的感覺。訓練有素是驕傲的事，玷污自己則是羞恥的。自然已被經馬桶式訓練的自我所征服。我們以不符受訓方式所做的任何事，都包括在這種羞恥的經驗中。要成為好人、正確類型的人；要融入、要被接受。在像我們這樣的禁慾文化中，某些不被認為是「好人」的人格面具應有的性幻想與行為，很容易便導致羞恥的感覺。另一個陰影的特色是攻擊。覺得想攻擊、憎恨或妒嫉都是羞恥的情緒。

這些正常的人類反應有被隱沒的傾向，我們因它們困窘，就像我們見到自己生理或性格上的缺點而感到羞恥一樣。人格面具是我們戴上用來面對他人的臉龐，它和其他的臉類似，也希望能討別人喜歡。我們不希望與他人太不相同，因為我們的差異點——人格面具終結處和陰影開始處——使我們感到羞恥。

人格面具與陰影的整合

陰影與人格面具是心靈中自我成雙對立中的經典配對。因為心理發展的整體工作（「個體化」在第八章討論）是整合，而且全體是跨越對立的崇高價值，所以這裡我們至少必須先問：整合陰影與人格面具是什麼意思？在本章主題的系絡中，整合端賴自我接受，端賴接受自己內部不屬於人格面具意象的某些部分；所謂的人格面具意象本身通常是某種理想，或至少是某種文化規範的意象。個人覺得羞恥的人格面向，往往是根本邪惡的感受。雖然有些事物真的是邪惡且具毀滅性的，但是陰影的內容通常不是邪惡的。它被如此覺得，只是因為它與人格面具不一致，所以才會有羞恥感伴隨罷了。

當某人在陰影與人格面具間，獲致一定程度的整合，會是怎樣的樣貌呢？榮格摘錄一封他給某位病患的信，寫於與她會面分析病情後不久。他寫道：

> 因為邪惡而使我得到許多良善。藉由保持安靜、不壓抑、保持注意與接受現實等實事求事的觀看，而非一味順我之見的觀看，藉由這一切作為，使我得到非凡的知識與力量，完全不是我以前所能想像的。我總是認為當我接受事情時，它們便在某些方面凌駕於我之上。結果我發現這根本不是真的，只有接受它們才可能對它們採取某種態度。因此現在我願意以隨順的態度來生活，不論什麼事發生在我身上我都接受，善與惡，陽光與陰影，永遠在交替輪換著，我也以這種方式接受自己本性中的正面與負面。於是每件事物變得更加有生氣。我過去是多麼的愚蠢啊！我竟然迫使每件事以我認為應該的方式進行！

這位女士從人格面具，以及人格面具與陰影的對立分裂中撤退出來，她現在只是靜靜的觀照，反思接受她心靈本然的呈現，整理出頭緒，看到事情的相關層面，然後再做抉擇。她成功的在自我情緒與人格面具間，以及自我與陰影間保持心理上的距離。她不再受制於光譜的任何一端。

榮格主張心靈中對立的事物，需通過「第三物」的介入來統合。類似人格面具與陰影的對立衝突，可以被視為是個體化的危機，也是透過整合成長的機會。陷入衝突的層面有人格面具的集體價值，屬於個人原始本能構造（弗洛依德的本我）的自我陰暗面，以及原型與無意識情結的某些衍生物。因為陰影內容不為人格面具所接受，衝突可能十分慘烈。榮格主張，假如對立的兩端陷於緊張，則解決之道在於自我要能放下兩端，開創出一個內在的真空地帶，使無意識得以在此以新的象徵形式有創意的解決問題。這個象徵將提出一個能涵容二者引領向前的選擇，它不只是妥協，而是召喚自我採取新態度，和對世界建立新關係的綜合體。這個過程可以從人們在心理治療及其人生經驗的發展觀察到；當他們從原有的衝突成長出來，穿戴上新的人格面具，並整合先前不為自己接受的部分時，正是這個過程的展現。

人們在心理治療與人生發展的過程中確實有所改變。做為適應工具的人格面具改變的潛能相當大。只要自我願意改變舊模式，它便可以愈來愈具有彈性。像傑克博士與海德先生的這類故事，所描述的便是人格面具與陰影的徹底分裂。在這類故事中不見整合，只有在對立的極端間來回擺盪。陰影的角色與衝突表現出來，卻不見可將兩個對立極端整合的超越功能。我們對現實生活中，無法整合這些成雙對立的人們感到納悶。在某些案例中，由於陰暗面變得極端且充滿高度能量，以致它要與任何社會可接受的人格面具整合都不可能。今日此一問題的解決之道，只有用心理藥劑強力削弱無意識，壓抑陰影力量的來源一途。在其他的例子中，自我因為太不穩定、太弱，以致無法有足夠的力量來緩和衝突，使超越功能得以成形。

通往深層內在世界之路
／阿尼瑪與阿尼姆斯

The Way to the Deep Interior
Anima and Animus

抽象而言，阿尼瑪與阿尼姆斯是：對人格面具補充的心靈結構，也是連結自我與心靈最深層之本我意象與經驗的心靈結構。

阿尼瑪是男性內在的女性人物，女性與此同等的內在人物——稱作阿尼姆斯——則是男性的。

榮格在他的自傳中談到發現阿尼瑪的事情。他寫作那份文稿的時間，是在一九一三年與弗洛依德絕交後的那段強烈內省時期，那時正是他質疑自己研究的本質與價值的時候。這是科學嗎？他問自己。或者它是藝術？他那時把自己的夢記錄下來，加以解釋，有時並把它們畫出來，以便了解他心中流瀉出來的種種幻想。就在某個瞬間他聽到一個女性的「聲音」說，「它是藝術。」令人訝異的是，榮格竟與她對話起來，並逐漸體認到她與自己的某個病患相似。因此她是某種內化的人物，不過她也是榮格自己某部分無意識思想與價值的代言人。榮格的自我與人格面具認定自己是科學家，不是藝術家。這個聲音則從另一種觀點發言。他在保有意識自我立場的情況下，開始與這個人物展開對話，並加以研究。她不只是榮格自己病患的內化人物而已。通過對話她逐漸現形，開始擁有較完整的人格。「我對她有點敬畏，感覺就像是房間裡無形的靈魂一般，」他解釋說。

對榮格而言，這是很重要的一次「阿尼瑪」內在經驗，它已經成為分析心理學集體記憶中阿尼瑪顯現的重要參考點。自榮格以來，其他許多曾進行積極想像的人士，也發現了類似的內在人物。依據傳統的解釋，**阿尼瑪是男性內在的女性人物，女性與此同等的內在人物——稱作阿尼姆斯——則是男性的**。阿尼瑪與阿尼姆斯代表的主觀人格，是比陰影更深層的無意識。無論好壞，它們都顯現出靈魂的特色，並帶領我們進入集體無意識的領域。

在這一章中我所指的這個內在結構便是阿尼瑪與阿尼姆斯。和陰影類似，它也是心靈內與人格面具反映出來的自我呈現與自我認同不吻合的一種人格。但是它與陰影不同的地方在於，它歸屬於自我的方式不同，比陰影更「另類」。假如人格面具與陰影是「好對壞」的區分，是自我增減與正負的面向的話，自我與阿尼瑪／阿尼姆斯則是以陽性與陰性來區分的。它不是該隱（Cain）與亞伯（Abel）間的差異，而是所羅門王（Solomon）與席巴（Sheba）皇后間的差異。

界定阿尼瑪與阿尼姆斯

在榮格心理學理論的各個面向中，本章的主題在許多方面都是最具爭議性的，因為它提出深刻的性別議題，並對男性與女性的心理學提出基本差異的看法。雖然這個主題在榮格的時代似乎顯得平靜無波，但是今日它卻激起漫天風暴。**對於某些當代人而言，榮格似乎是一位超越他所處時代的人物，不僅預見了某種女性主義的雛型，而且也確切的予以支持。另有一些人則把他視為典型傳統男女差異觀點的代言人。**事實上，我認為他兩種成份都有一點。

在他後期的著作中，榮格把阿尼瑪與阿尼姆斯視為心靈的原型人物。因此，它們基本上是不受諸如家庭、社會、文化與傳統等各種形塑個人意識的力量影響的。原型不是由文化衍生出來，文化的形式（依榮格理論）反而是由原型衍生出來的。因此，這種把阿尼瑪與阿尼姆斯視為原型的定義，便將其最深層的本質完全置放在心靈之外，那超個人的精神形態與力量的領域中。阿尼瑪與阿尼姆斯是基本的生命形態，除了其他衝擊生命的影響外，它們也形塑著個人與社會。誠如我們在第四章中所說的，由於原型是康德所謂的物自身，所以它超越人類知覺的範疇。我們只能從它的顯影間接得知。

嚴格的說，阿尼瑪與阿尼姆斯是有關某種存在，但卻無法直接觀察得到「事物」的科學假說，就像一顆未知的星球，它的位置與大小只能從對該區域內重力牽引的測量得知。然而，誠如榮格對它們所做的描述一樣，因為阿尼瑪與阿尼姆斯的顯影，確實常常與許多由傳統男性和女性體現的知名文化形象相似，以下的問題便被提出：榮格是否是他文化盲點的受害者，不經意的成為文化刻板印象的代表？換言之，「原型」實際上是社會的建構？或者，榮格所探究的深層結構或許是深植於這些文化模式中，而並非超越它們，也確實不是人類心理特徵與行為的普遍形式？我在本章中不會確切回答這個問題，不過我希望進一步提昇這個問題，讓大家了解到這個議題與榮格思考的複雜性，遠比許多批評者的認定來得深刻。現在我將盡可能清楚的來表達他的思想。

我們將小心謹慎的進入此一領域，逐步解讀榮格賦予這些難懂詞彙的意義。假如到目前為止我們所檢驗的心靈地圖看似比較清晰和界定明確的話，那麼阿尼瑪與阿尼姆斯的領域有時便像是一座深邃而糾葛不清的荒野地帶。也許它應該如此，因為我們已經進入比較深層的無意識，也就是原型意象的集體無意識領域，在此界限變得模糊了。

在探討與這些辭彙相關的性別問題前，我應該指出有一種對阿尼瑪與阿尼姆斯的解釋，完全不需要扯入性別。性別可以被視為阿尼瑪與阿尼姆斯的第二特徵，就像某物的本質不會被藍色或粉紅色決定。我們可以用抽象的、結構的方式來了解阿尼瑪與阿尼姆斯。因為把心靈的這項特徵以抽象的結構視之是可能的，所以我在這一章中會通篇使用「阿尼瑪／阿尼姆斯」這組記號。它所指出的是男人與女人所共有的一個心靈結構。當我指涉此一內在事物的性別特徵時，不同的字詞結尾瑪（-a）和姆斯（-us）會被使用。**抽象而言，阿尼瑪與阿尼姆斯是：(a)對人格面具補充的心靈結構，也是(b)連結自我與心靈最深層之本我意象與經驗的心靈結構。**

誠如前一章中的討論，人格面具是自我在面對世界時所採取的習慣性態度。它是一種公眾人格，可增進個人對物理與（主要是）社會實在（reality）要求的適應。用榮格在一九二一年出版的《心理類型》文獻中所下的定義，這個辭彙是「功能性情結」的意思。它的作用像人體的皮膚一樣，提供自我與外界之間的一層保護屏。阿尼瑪與阿尼姆斯也是功能性的情結，只不過它們是與內在世界的調適有關。「阿尼瑪與阿尼姆斯的自然功能是在個人意識與集體無意識之間保持平衡，就像人格面具是自我意識與外在世界事物之間的某種夾層一樣。阿尼瑪與阿尼姆斯應該發揮橋樑或門戶的功能，帶領進入集體無意識的意象世界，就像人格面具應該發揮某種橋樑功能，帶領進入外在世界一樣。」換言之，阿尼瑪與阿尼姆斯使得自我得以進入和經驗心靈的深層。

榮格在一九二一年，也就是他從對弗洛依德的依賴解放出來，準備開始發表他自己的深層心理學觀點時，出版了《心理類型》這本書，把他截至當時的新理論做了摘要。這本書中出現許多新的詞彙，它們被用來界定他對心靈本質與結構的修正主義觀點。正因為這個緣故，他覺得（誠如我在第五章所指出的）有需要在該書末了加入一整章相關語彙的定義。這些細膩的定義，可以被當成某種分析心理學早期的教科書來閱讀。他在「靈魂」與「靈魂意象」（Soul-image）這兩個項目下，又對阿尼瑪與阿尼姆斯的概念多所衍義。這些定義儘管有僵硬和簡化之嫌，但確實能對了解他這些詞彙的界限與形狀提供幫助，至少是他當時使用它們時的意義。

在探究阿尼瑪與阿尼姆斯的定義時，他將它與人格面具相對照：**「人格面具只與**

外界事物的關係有關」，而阿尼瑪與阿尼姆斯則與自我與主體的關係相關。「首先，我所謂的『主體』是指所有那些在我們內心中流動，而模糊晦暗的震動、情感、思想與感覺，它們不是來自任何可證的連續物體意識經驗，而是從幽暗的內在深層湧出的影響力量，令人困擾而有抑制作用，有時則有正面的助益。」這裡的「主體」主要是無意識而非自我的世界。這是心靈的主觀面，是它的基底和內在空間。它含括了所謂的「內在事物」(inner objects)，有時榮格稱之為「意像」(imagoes)，或簡單的稱作「意象」(images) 或「內容」(contents)。因為「主體」一詞，至少在這個特殊的脈絡中，指的是無意識，所以符合邏輯的推論便是「正如同有對外在事物的關係和外在的態度［亦即人格面具］一樣，也有對內在事物的關係和內在的態度。」

榮格承認，「由於其極端親密和不可接觸的本質，這個內在的態度要比可以立即被眾人知覺的外在態度更加難於分辨，這是很容易理解的。」個人可以很容易的觀察人們對待他人之道，但是要了解人們如何對待他們自己，便必須有更細膩的心思。他們對自己內在世界的態度為何？是（一如人格面具般）接受而溫暖的？還是嚴厲和吹毛求疵的呢？許多慷慨的人是他們自己內在最糟糕的敵人，也就是他們自己最輕蔑的裁決者與最嚴厲的批評者，但是這一切都隱藏在一個迷人而友善的人格面具之後。有人也許對他人極端抱持成見，但對自己的內在生命卻以煽情的自我沉溺處之。人必須了解他人才能學習如何真正善待內在的自己。他們有認真的看待自己嗎?他們把自己當成小孩一樣對待嗎?他們對自己深層內在自我的感覺方式,便確定了他們自己阿尼瑪與阿尼姆斯態度的特性。

榮格在這個段落更進一步的說,「某人不會允許自己被他的內在過程有些許的干擾……另一人則對這些過程完全降服……一個模糊不悅的感覺使得如下的想法浮現腦海,他正遭受某種秘密疾病的肆虐,某個夢境是使他充滿悲觀的前兆……某人把這些兆頭當成是身體因素造成的,有人則歸因於他鄰居的行為,另有人在其中發現宗教的啟示。」「因此,」榮格下結論說,「內在的態度……與功能性情結相關的確切程度,和外在的態度是一樣的。完全忽略他們內在過程的人們,缺乏典型內在態度的程度,似乎與持續忽略外在事物和事實真相者,缺乏外在態度的程度不相上下。」

以上的陳述綜合摘要了榮格在一九二一年的《心理類型》一書中,對阿尼瑪與阿尼姆斯所表示的結構定義。阿尼瑪與阿尼姆斯是控制個人與無意識世界——想像、主觀的印象、想法、心情與情緒——關係的一種態度。截至目前為止,這個定義都尚未提到這個結構的內容,也沒有提到性別。通常簡短的定義會把阿尼瑪說成是男性內在的女性傾向,而把阿尼姆斯說成是女性內在的男性傾向。但是,我們也可以把它們說成是在與自我的關係方面,扮演某種特殊目的的功能性結構。做為心靈的結構,阿尼瑪與阿尼姆斯是男女進入並適應他們心理本質較深層部分的工具。當人格面具面對社會世界，並對必要的外在調適予以協助時，阿尼瑪與阿尼姆斯則向內面對內在的心靈世界，同時幫助個人適應挑戰自我的直觀思想、情感、意象與情緒。

例如，一個常常抑鬱的人據說是有「阿尼瑪問題」。「他今天處於阿尼瑪的情緒中」，有人可能會對他的朋友如是說。他的阿尼瑪沒能幫他控制情緒，反而像瓦斯洩漏般的釋放一種心情進入自我意識，並夾帶著許多原始而未分化的感情（也就是說處於懸浮狀態）。就目前所知，這至少對自我的作用會產生干擾。這個男人的自我與他的阿尼瑪人格完全同一，而阿尼瑪人格必然對情緒過度敏感而無能。他的阿尼瑪並未高度發展，它不但沒能幫助他處理勢如排山倒海的心情，反而使他更深陷其中。常常有強烈抑鬱傾向的男人，與他人格當中的這個部分——通常是較差的部分——關係過度密切。當然如果他像具有最高層次阿尼瑪問題的詩人里爾克一樣，那麼他便可以具創意的方式運用此一關係。但是，他也可能只是對冷淡、小小的不悅和傷害，產生不正常的情緒和過度反應罷了，因此是一種心理功能的失調。他的人際關係必定充滿衝突，因為他的情緒反應太過強烈，以致於使他無法處理。阿尼瑪淹沒了他，而沒能幫助他。

類似的情形也發生在有「阿尼姆斯問題」的女性身上，她被自己的無意識所征服，特別是被那些充滿情緒的思想與意見，那些控制她比她控制它們的程度還來得高的思想與意見所征服。這與被阿尼瑪控制的男人沒有太大差異，只是表現在女性身上時，突出的只是比較具有智性傾向罷了。這些自發的理念與意見最終會干擾她對世界的調適，因為它們挾帶著巨大的情緒能量。它們往往會對她的人際關係造成災難，因為她周遭的人與之相處時，必然會築起一層自我保護的網罩。他們對於她的現身會有防衛心和不舒服的感覺。儘管她極力想要表現得接納他人和溫暖，但是卻做不到，因為她的自我受制於這些干擾能量的入侵，以致絕對無法把她轉化成她所想要成為的仁慈寬厚的人。相反的，她卻被追求權力與控制的無意識所消耗和掌握。榮格稱之為被阿尼姆斯掌控。阿尼姆斯是一個與自我或個人欲求之人格面具相左的強有力人格。它是個「異己」。

受制於阿尼瑪的男性傾向退回到受傷的情感中，被阿尼姆斯掌握的女性則傾向攻擊。這是對性別的傳統區分，在最近文化變遷的情勢下它當然是可以被修正的。不過在兩個案例中，不論「被掌控」的內容為何，無意識的內在世界都未充分受到節制，而情緒與非理性的需求則干擾扭曲了當事人與他人和生命全體的正常關係。阿尼瑪與阿尼姆斯的掌控現象使得無意識的大門為之洞開，而且實際上讓所有擁有足夠能量的事物都由此通過。種種心情與反覆無常的怪念頭橫掃入侵，使人偏離正軌。絕少能對衝動有所抑制。思想或情感的包容也做不到。這當然也是自我的問題，是一個低度發展的自我所表現出來的徵狀；它無法掌握、包容在正常情況下流入意識，並需要在言語或身體實踐前反思消化的內容。但是阿尼瑪與阿尼姆斯結構發展太少也是問題。這種欠缺發展的情形就好像低度開發的肌肉一樣。它太過軟弱而無法在需要的時候適當發揮它的功能。男性會特別尋找能幫助他們處理情緒的女性，女性則特別會找出能接受她們富啟發性的思想，並與她們志同道合共事的男性。於是，他人進入了自我與阿尼瑪／阿尼姆斯關係的遊戲中。

為了方便討論，讓我描述一個「理想的」心理發展（雖然高度理論化，而且非常不可能）。心靈系統的意識與無意識部分以平衡而和諧的互動來共同發現作用，阿尼瑪／阿尼姆斯與人格面具之間的關係也是如此。此時自我並未被內外事物所淹沒，而是受到這些結構的協助和保護。而生命的能量里比多則積極的注入調適生命的工作與要求中。這是一幅健康人格高度發揮功能的圖像，它與內在資源訊息相通，並且嫻熟外在的適應。當事人對外在世界的態度是平衡的，同時也得到內在世界態度的輔助。兩方面都沒有脫鉤或不妥的發展情形。人格面具得以因應生命的要求，並設法與周遭的社會和自然環境保持穩定關係。內在方面也能處理良好，並確使能量與創意的湧現穩定通暢。內外都能對生命的要求做出適當的調適。

為什麼生命不總是這樣呢？實際上，許多人在他們的生命裡偶爾也能經驗到類似的情況。這是事業與愛情得意的時候，但卻往往只是衝突狀況比較多的圖像中相對短暫的插曲罷了。這裡有個重大的原因是，我們未能平衡的發展自己。**當代文化中，對於真正的內在發展——榮格稱為「個人文化」，與集體**（以人格面具為基礎）**的文化相對——極少賦予關注。我們大多數人的內在世界仍然是極端原始的。**只有當人格面具被撕去，而阿尼瑪與阿尼姆斯打開通往無意識深層之路時，也就是當中年的自我被人格面具與阿尼瑪／阿尼姆斯的衝突所折磨時，內在發展的需要於是就變成尖銳的議題而被嚴肅的看待。這有可能看起來像是精神官能症的爆發，但也很可能是需要進一步個體化的召喚，和深入探索內在世界以求個人發展的挑戰。

性別與阿尼瑪／阿尼姆斯

現在讓我們轉向談論直接隱含性別意義的阿尼瑪與阿尼姆斯。首先值得一提的是，這兩個詞彙出自拉丁文。榮格與他同時代多數的歐洲知識分子一樣，非常嫻熟古典語言，他很自然就會使用這些資源來為心靈的圖像與結構命名。阿尼瑪在拉丁文裡是「靈魂」（soul）的意思，而阿尼姆斯則是「精神」（spirit）的意思（在德文裡分別是*Seele*和*Geist*兩個字）。從某種觀點而言，這兩個拉丁字的意思實際上並無太大差異。假如有人像希臘人與羅馬人一樣，把「靈魂」（阿尼瑪）想成是死亡時離開身體的東西，那麼說「精神」（阿尼姆斯）已經離去也是同樣的。精神往往被描繪成氣息或空氣，而當它要離開身體時，個人所要掌握的最後一口氣，也就是要掌握住個人的靈魂。所以精神與靈魂這兩個詞彙幾乎是可以交替使用的，而且指的都是人們內在世界中的靈魂與精神層面。有關個人自己的阿尼瑪與阿尼姆斯，我們可以問以下的問題：我的靈魂是什麼樣子？我的精神又是怎樣？

當然榮格在使用阿尼瑪這個詞彙時，並不是指稱靈魂的宗教意義。他不像傳統作家在使用這個字詞時，指的是人類不朽的那個部分。他是從心理學的立場來捕捉這個字的意義，用這個字來指稱男性人格中的內在隱藏部分。同樣的，阿尼姆斯這個字也不是指某種形而上和超越的東西——例如聖靈——而是指女性人格中的內在隱藏部分。

這兩個字的結尾顯示了性別的差異。阿尼瑪的結尾字母-a是陰性的，而阿尼姆斯的結尾字母-us則是陽性的。（同樣的，德文中的*Seele*與*Geist*也分別是陰性的和陽性的。）所以藉由這些詞彙的賦予，一個給男人，另一個給女人，榮格構築起他的理論，以顯示兩性間基本的（也就是原型的）差異。雖然他常常會說所有人類都分享同樣的原型，但是在這個例子中他卻說男女的原型各自不同。如果他的意思不是如此，他大可兩者用同一個名詞。或者他可以發明一個像「anime」的中性詞。但是他沒有這麼做，這是饒富意義的。男女為何在這基本的內在方式上會有差異？又有怎樣的差異？

榮格論證說，兩性皆有陰陽兩種成份與特質。在某些篇章中，他認為這與男女各自具有陰陽遺傳物質的事實有關。它們實證經驗上的差別，只是程度的問題罷了。就他所強調的這點而言，榮格或許可說是原始型態的女性主義者。榮格似乎避免將人類區分成兩個截然不同的性別團體。在他的理論裡，男女都具有陰陽的面向。但是，這些特質的分配比例不同。而且這項差異是原型的，不是社會的或文化的。換言之，這項差別無法靠社會政策的變遷而抹去。就這點而言，他至少與當代那些堅持男女不具基本心理差異的女性主義者，在看法上有衝突。榮格說男性是外陽內陰，而女性剛好相反。女性在她們自我與人格面具的層面，是關聯性和接納型的；但是她們在人格的另一面則是強硬和突進的。男性外表是強悍而富侵略性的，但內在卻是溫柔和關聯性的。摘去男女成人的人格面具，我們對性別的感覺將會倒轉過來。女人比男人更強硬、更有控制欲，而男人則比女人更具有哺育和關聯的特性。

至少在統計學的意義上（也就是並非每個人皆如此），榮格的定義看來是合於常規的。如果政治被個人層次的知覺作用所引導（大約就是選民在投票調查上所透露的情況），那麼機靈的公職人員便會按以下觀點操作選戰：要贏得婦女選票，就必須顯現慈悲、情感，以及想要尋求統合與寬容的慾望；要贏得男性選票，則必須顯示邏輯、競爭力、硬漢本色，以及道德的判斷。另一方面，根據榮格的說法，男女的內在世界——他們的隱藏人格和無意識的其他自我——和表現出來的這點正好相反。換言之，人類要比他的公共形象，以及在民意調查中呈現出來的部分複雜得多。當女性自我內省時，她們常常會遭逢（展現在那些與她們密切相關事物之前）邏輯、競爭力、硬漢本色，以及道德判斷。同樣的，男人也會顯現出慈悲、情感，以及想要尋求統合與寬容的慾望。榮格在他的阿尼瑪／阿尼姆斯理論中，試圖要理出頭緒的部分內容，正是人類這方面的複雜性。

在一九二一年對阿尼瑪與阿尼姆斯的定義中，榮格根據他的觀察與經驗提出了某種概說。這些陳述使我們對他日後著作，將專注強調的許多問題有了初步了解。「至於阿尼瑪的性質，我的經驗可以證明，它大體上與人格面具的性質是互補關係。阿尼瑪所含藏的那些人類共同特質，都是意識的態度所欠缺的，」榮格說。此時，他尚未把陰影概念在他理論中的位置明確標示出來。陰影與阿尼瑪／阿尼姆斯的區別後來才加以釐清，而陰影所包括的是許多與人格面具互補的心靈內容，但是這些內容卻因為與人格面具的意象不相容，所以被排除在意識的認同之外。在這個段落，榮格所思考的反人格面具類型，是後來的陰影概念所要描述的部分，而不是針對內外客體所說的互補態度。「阿尼瑪所含括的，通常都是意識態度所欠缺的那些人類共同特質。被惡夢、憂鬱前兆與內在恐懼折磨的暴君是典型的代表人物……他的阿尼瑪所包含的，都是那些他意識態度中欠缺，而可能犯錯的人類共同特質。」榮格說。雖然這些特質後來會歸屬於陰影，但也正是這條思路導致性別的議題。榮格說，「阿尼瑪的互補性質同時也影響到性別角色，這一點我是深信不疑的。非常陰柔的女人擁有一個陽剛的靈魂，而非常陽剛的男人則擁有一個陰柔的靈魂。」在這裡只因為阿尼瑪／阿尼姆斯結構被視為與人格面具互補，所以性別特色才會被含容在這個意象中。

如果某文化中男人的人格面具含有陽剛的特質與特色，那麼凡是不符合該意象的人格特色，便會被壓抑，並聚集在阿尼瑪這個互補的無意識結構中。阿尼瑪所包含的便是該文化中認定的典型女性特色。因此，人格面具非常陽剛的男人，在阿尼瑪中便具有同等的陰柔成份。

但是人格面具不是非常女性化的女人，與不是非常男性化的男人又如何呢？是否不是非常女性化的女人，便擁有非常男性化的阿尼瑪？而不是非常男性化的男人，便擁有非常女性化的阿尼瑪呢？依據榮格的前提，他便必須遵循這樣的思路。某些人的內在並不會在男性與女性特質間，有太過極端的傾向。幾十年來性別漸趨中性的發展，已遠離沙文主義男性與柔順孱弱女性這種古典的性別極端。女性的穿著與行為比起幾代前的姐妹們，男性化許多；同樣的，許多男性的人格面具，也比他們的先祖要來得女性化。這種情況如何影響阿尼瑪與阿尼姆斯的特色呢？隨著正確男女衣著行為之主流集體意象的變遷，阿尼瑪與阿尼姆斯的內在意象也會因此改換。依據心理規則，凡是在個人有意識適應主流文化過程中被排拒出來的事物，都會被移轉到無意識中，而且會匯聚在榮格稱為阿尼瑪／阿尼姆斯的結構四周。對於極端女性化的男人而言，他內在態度（阿尼瑪）的性質將是陽剛的，因為這正是他在人格面具的調適過程中遺漏的。

然而，當這些性別特色在界定內在態度（阿尼瑪與阿尼姆斯）的本質與性質時，它們到底代表什麼意思？男性傾向幾乎已普遍的被積極的、強硬的、穿透的、邏輯的、獨斷的和控制的等形容詞所界定；女性傾向則已廣泛的被定義為接納的、溫柔的、施予的、哺育的、關聯的、情緒的和同理心的。不論這些特性是否存在於男女的身體內，這些品類似乎保持穩定不變。值得辯論的是，這些品類是否應該與性別發生關聯。雖然某些女性的人格面具比較男性化，有些男性則比較女性化，但是這並沒有改變他們生理意義上的男女性別。中文裡的「陰」與「陽」被認為是比較中性，或比較適合用來描述這些性質類群的名詞；它們或許也可以和男性化與女性化這兩個字詞交互使用。不論是用哪一種方式，所指的都是同類的特質。在這樣的立論基礎上，榮格會說，因為內在態度所顯示的乃是被人格面具遺漏的特質，所以如果某人的人格面具是「陽」，則他或她的阿尼瑪／阿尼姆斯結構便是「陰」。不過，由於內在態度是在無意識的層次，所以比較不受自我的控制，相較於人格面具，也不是那麼精緻細分。因此，在人格面具是「陰」主控的個人身上，表現的正是較差的「陽」，而在「陽」主控的意識未防衛的時刻生長出來的，正是較差的「陰」。

所以雖然一個非常女性化的女性，擁有一個非常男性化的靈魂，但品質卻是相當不精緻的。她對外在世界的關係上，抱持著鮮明的女性化態度，也就是我們稱為接納的、溫暖的、滋養的與包容的。該人士的內在態度卻是相當不同的：強硬的、批判的、侵略的與支配的。這位外表非常女性化的女士，她的內在面向卻展現出鋼鐵般的硬漢性格。同樣的，表面非常男性化的男士，他衝勁強、硬漢本色、冷漠而富侵略性，可是內在人格卻是煽情的、易感動的、易受傷而脆弱的。粗獷的男人愛他的老婆、愛他的女兒、愛他的馬，但卻不願承認（甚至對自己也如此）；雖然他私底下偶爾會宣洩這些感情，在啤酒暢飲中嚎啕大哭，但是在公開的場合他則避之唯恐不及。榮格說：「會有這樣的對比現象，是因為男性並非完全陽剛，也擁有某些女性陰柔的特質。外顯態度愈男性化的人，他的女性化特質就愈被抹去，但是它們卻會出現在他的無意識中。最容易受制於典型弱點的人，正是那些非常具有男性氣慨的男人，良有以也；他們對無意識的態度有女性的弱點和敏感。相反的，在內在生命中顯現威武不屈、桀驁頑強與意志堅韌等男性相對強勢的外表態度特質者，往往正是非常柔弱的女性。這些從女性外顯態度中被剔除的男性化陽剛特質，已經成為她靈魂的特質。」榮格在此述說的內在男女特質，顯然不是最高、最成熟的形式，而是在個人尚未發展的人格基礎上，所展現出來的拙劣或低級形式。

阿尼瑪與阿尼姆斯的發展

不過，正因為以上所說的欠缺發展與低級狀態，才使得阿尼瑪與阿尼姆斯在心靈中具有更進一步發展的巨大潛能。因為人格面具是立基於集體價值與特色（某特定時刻的男女行為與態度「落在」文化的規範內）之上的，所以變成獨特個人的潛能便不在人格面具中，而在心靈的其他部位。只要個人的自我意識認同人格面具，並覺得與它合為一體，那麼與集體意象背道而馳的人格特質和個性表達便沒有存在的空間。想成為獨立個體的衝動，因為調適的理由而被壓抑（或完全的抑制），以便「融入其中」。某個特殊個案中的這些個人特質內容，是無法以檢驗人格面具來決定的。它們也許部分被包含在人格面具的表達中，或者幾乎完全被排除在外。榮格說：「這是我經驗反覆產生的基本規則……至於個人的特質，我們無法〔從人格面具〕演繹出有關它們的任何事物……我們唯一能夠確定的是，當某人認同他的人格面具時，他的個人特質將與阿尼瑪發生關聯。」

一位每天清晨身穿灰色法蘭絨西裝搭火車上班的男人，他對自己的集體角色是如此的認同，以致他在這個架構之外沒有任何個性可言。他本具的特性會在阿尼瑪中呈現，他（或許會神秘的）被極端不傳統的女性所吸引，因為她們是他阿尼瑪的投射對象，勾勒出他的靈魂模樣，並且掌握住他冒險犯難的精神。同樣的規律也適用於女性。當她們的人格面具表現是集體而傳統傾向時，她們內心隱匿的秘密戀人（當事人往往無法察覺到），就絕對不是傳統型的形象。當理想的白馬王子出現時，他會使她們如醉如癡，致使她們放棄一切。此一基本的心靈規律可在生活的運作中觀察得到，也被無數的小說、歌劇與電影所描繪。與自己阿尼瑪或阿尼姆斯投射的對象實際遭遇，結果「往往是在夢中出現心靈受孕的象徵，一種可以回溯到英雄誕生原初意象的象徵，那名誕生的小孩象徵的是當事人存在但尚未被覺察到的個性。」傳統型男人與攜帶他阿尼瑪的非傳統型女人相戀，它真正的心靈目的是產生象徵的嬰孩，這嬰孩代表了他個性中對立力量的統合，因此是本我的象徵。

這自我與阿尼瑪或阿尼姆斯的遭逢，正是榮格認為富含心理發展所需潛能之處。

與阿尼瑪／阿尼姆斯相遇，代表自我與無意識的結合深度超越了陰影與無意識的結合。在陰影的案例中，它所遭逢的是整體心靈中被蔑視和拒絕的部分，是較差勁和不想要的性質。在與阿尼瑪／阿尼姆斯的遭逢中，他所接觸的心靈層級具有引導自我朝向最深最高處（以各種標準而言都是極致的）發展的潛能。

然而，為了要落實這個直觀，榮格必須改弦易轍，重新定義阿尼瑪與阿尼姆斯的本質。陰影通常無法帶領個人越過被人格面具拒斥的心靈區域太遠，除非它能使個人遭遇絕對的邪惡。但是，阿尼瑪與阿尼姆斯卻具有與本我相接的潛能，所涉及的「心靈」深度要大得多。因此，阿尼瑪與阿尼姆斯便不可能只是人格面具的逆反，或只是某時代集體態度的負面反映而已。它必然植錨於更深層的集體無意識，以及原型和原型意象的結構中。它的根必然遠超過陰影所及的深度。一九二一年正是榮格循著這些心靈蹤跡，深入集體無意識這荒野密域的轉變年代。他對即將到來的事物有如下的暗示：「就像人格面具這個適應外在環境的工具，受到環境條件強烈的影響一樣，阿尼瑪則被無意識及其特質所形塑。」此處阿尼瑪的概念略有改變，但此一微幅改變卻意義重大。阿尼瑪不只是人格面具的完成，受到人格面具內容的形塑與矇蔽，而被視為受到無意識及其特質的形塑。後來，當榮格把阿尼瑪與阿尼姆斯視為是原型意象，是從心靈光譜的靈性尾端（參見第四章）接收到它們的形態時，他做出結論說，阿尼瑪與阿尼姆斯受到原型的形塑，要比受到時代集體共識的形塑更多。阿尼瑪與阿尼姆斯將成為心靈的持久形態，也將成為塑造心靈的力量，其強大的程度直逼心靈對它們的塑造力量；此外，它們也是破除文化形式的動能，可以把它們自己的議程強加在時而驚慌失措、時而缺乏意願的自我身上。

「**每個男人都在內心藏帶著女性的永恆意象，不是這個或那個特定的女人，而是一個明確的女性意象。**」榮格在一九二五年的一篇論文中述及婚姻的課題。這或多或少便成為分析心理學中對阿尼瑪的標準定義。在此榮格指向的乃是阿尼瑪與阿尼姆斯的原型本質，而將此一內在態度是人格面具互補方式的看法擱置一旁。他繼續說到，這是「原初根源的遺傳因素」；他並且把女性意象看成是「她呈現在男人眼前的樣子」，而非她自己本身。同理，阿尼姆斯也是女性內在的男性人格意象。由這些內在結構所生的意象、思想與假設，乃是男性與女性之間所有困惑和迷亂的背景因素。他們彼此誤解對方，因為他們是與異性的「意象」而非實際的人發生連繫。顯然這些內在結構會扭曲真實，並使原本相當理性善意的人們彼此誤解。分別安住在兩性無意識中的男女意象是原初的，相對而言，不受歷史文化環境的影響而改變。它們近似個人心靈中、世代重複其形態的永恆穩定意象。柏拉圖與蘇格拉底對女人困惑的地方，和今日對男人造成陷阱的阿尼瑪意象如出一轍。儘管彼此被巨大的文化與社會距離分隔，塡補麥達琳（Mary Magdalene）內心的期待與渴望，持續過濾當代婦女的意識。阿尼瑪與阿尼姆斯是巨大幻象的製造者，使疲憊者輕鬆一笑，讓愛情新手心碎。

「製造投射的因素是阿尼瑪，或是由阿尼瑪代表的無意識。」榮格在一九五〇年的《基督教時代》一書中，從古代的觀點描寫這個主題，他再次試圖對此一撲朔迷離的內在因素提供定義。榮格一直主張，投射是無意識而非自我產生的。我們對自己的投射毋需負責，要負責的是不能察覺到它們的存在，不能收回它們或不能加以分析。它們自然流暢的發生，並創造出個人的世界觀與對真實的看法；這些觀感看法的基礎是無意識的意象與結構，而不是吾人日常對真實的知覺作用。現在榮格把所有投射的根源放置在阿尼瑪與阿尼姆斯中，因此突顯出此一心靈因素動態而積極的本質。

我們當然不斷的在投射，而且我們的人生觀，對他人的看法，以及對世界構造方式觀點的形成，很重要的部分便是那些被我們投射到環境，且當成真理般抓住不放的無意識內容。榮格在這一段說，阿尼瑪與阿尼姆斯就像是創造幻象世界的瑪雅女神一樣，而自我最終安居的世界，大體上則是建立在投射的基礎上。榮格並不是從東方宗教學習到這個觀點，而是從他擔任精神醫生和分析師所得的第一手經驗學習到。某些人觀點的扭曲真的已到了令人咋舌的地步。而同樣引人側目的是，我們絕對相信自己的觀點，甚至當我們發現其中有嚴重的疏漏時依然如是。我們極少質疑一套基本假設。

提昇對阿尼瑪／阿尼姆斯的意識

奠基於心靈原型結構的阿尼瑪／阿尼姆斯意象，通過心靈系統的過濾而具備特定形態，並被自我感知。如果陰影的意象凝煉出恐懼的話，那麼阿尼瑪／阿尼姆斯的意象通常會帶來興奮，並刺激結合的慾望。它會引發吸引力。凡是有阿尼瑪／阿尼姆斯之處，我們便心嚮往之，便想成為它的一部分，便想加入它，假使我們對冒險不是太恐懼的話。當一位偉大的演說家發出他魔力般的咒語時，他對觀眾點燃的魅力電流，便是得助於阿尼瑪／阿尼姆斯，並將它凝聚呈現出來。觀眾所要的是相信，個人會隨著出征的號角而行動。一種對真實的看法被創造出來，而在阿尼瑪／阿尼姆斯強烈的情緒統制下，信念也尾隨而至。阿尼瑪／阿尼姆斯因此是具有轉化力量的。

然而，為了心理發展與增進意識的目的，自我的主要行動是在辯證的過程中參與阿尼瑪／阿尼姆斯，而不是對行動的召喚立即反應。這個對話與遭遇的過程榮格稱之為「切碎」(*Auseinandersetzung*)。這個德文字字面的意思是「把某物撕成碎片」，它指的是兩人彼此熱絡對話或磋商時發生的過程，雙方都無法逃避衝突。當他們彼此對立，並爆發肢體或口舌之爭時，最初兩者間不明顯的差異就變得比較分明了。界線被標示在一般公認榮格著作中論述阿尼瑪／阿尼姆斯經典之作的《基督教時代》一書中，榮格也承認關係對我們覺察心靈內隱密部分的過程，具有關鍵的重要性。他寫到，「我要強調……陰影只能透過它與夥伴的關係來了解，而阿尼瑪與阿尼姆斯則只能透過它與異性伴侶的關係來了解，因為只有在此一關係中，它們的投射才會運作。」我前面提過，根據當代性別認同的發展，也就是阿尼瑪／阿尼姆斯的意象有時會由同性伴侶所帶，我們也許需要修正此一觀點。然而重點是，在情緒的關係中這些意識的發展才成為可能。自我覺察並非孤立實行的計畫，雖然確實必須有相當的內省工夫，才能臻於完滿。但是經驗必然先於洞見。陰影是透過對捕捉到個人無意識特質者的投射而被經驗到的。同理，阿尼瑪／阿尼姆斯是帶有相當特質的人士，在投射中捕捉到的，而這位人士能夠在此部分激發出無意識反應。榮格繼續說到，當這種情況發生時，心靈組合中有三個意象人物開始變得相關：「體認到男性中的阿尼瑪，便會產生一個三邊體結構，分別是男性主體、對立的女性主體，以及超越界的阿尼瑪，其中有三分之一是屬於超越界的。女性的情況則剛好相反。」這假定了相當程度的意識自覺，因為投射承載者與投射通常是混合的，也就是阿尼瑪／阿尼姆斯與其他主體變成一體了。不過，因為榮格在此假定了一定程度的界域分隔，所以共有⑴意識自我及其個人主體，⑵另一位夥伴，及其意識自我與個人主體，⑶阿尼瑪／阿尼姆斯的原型意象。榮格寫到，這個三邊體得靠第四個意象人物才能完成，男性是「智慧老人」（Wise Old Man），女性則是的「聖母」（Chthonic Mother）。阿尼瑪／阿尼姆斯與智慧人物是超越界的，因為它們基本上屬於無意識，根源自精神領域；而自我及其夥伴則是意識層次的人，他們置身在刺激此一心靈凝聚的情緒關係中。在這四重關係的呈現中，我們發現本我的神秘經驗，此時本我正是其間的關係。假如在這個愛欲牽引的情境中，有足夠的意識能持續用來觀察人類與原型特質間的差異，那麼本我的整體經驗將有機會出現（參見第七章）。

這個經驗的複雜之處在於，投射的阿尼瑪與阿尼姆斯在人們心理成熟的不同階段都會發生。假如只是神迷愛戀，它可能在幼兒期父母與子女間的關係發生；然後它在青少年期又會再度（典型而強烈的）發生；幸運的話它會因進入成人期而不斷發生。它甚至會持續進入老年期（歌德據說曾因自己年逾七十還能與少女相戀而在禱詞中輕聲致謝）。阿尼瑪／阿尼姆斯在心理生活中是永遠積極的，少了它人們便會沮喪。除了身體的性慾之外，還有這心靈的性慾。它在生理的有機體有性經驗之前便存在了，而且持續的以超越身體性能力的姿態，生機蓬勃的運作。但是要能完全得到阿尼瑪／阿尼姆斯經驗的心理效益，個人必須達到超常的意識層級才行。能夠對投射與投射承載者以及幻想與真實加以分辨，事實上是很稀有的。因此，要了解榮格這裡所說的道理

——此一心靈凝聚中的四重關係，以及對此一經驗中超越特質的了解——只有像軍荼利（Kundalini）瑜伽大師，以及其他具備這種精緻心理分辨能力的少數人才能辨到。對其他人而言，阿尼瑪／阿尼姆斯只是瑪雅女神、幻象的創造者、神秘的製造者、壞精靈，以及永恆摯愛不斷後退的海市蜃樓罷了。只看到阿尼瑪／阿尼姆斯的幻象遊戲，卻不能體認超越意象人物的運作，會導致憤世嫉俗和沮喪的情緒。阿尼瑪確實是「美得無法抗拒的女士」（*la belle dame sans merci*）。

性與關係

因為正面的考量，許多人會駛離阿尼瑪／阿尼姆斯經常的淺灘，以免擱淺。自我的防衛本能會自然與這種誘惑保持拒離。小男孩看到具有強大吸引力的小女孩會跑開，便是直覺的了解到他們無法面對這項挑戰。成人有時會聰明的做出同樣的選擇，因為阿尼瑪是傳統婚姻與事業的破壞者。女性對酒神狄奧尼辛式（Dionysian）阿尼姆斯的召喚，也就是把她們拉向狂喜境界，以及因放棄自我去愛而得到滿足的承諾，同樣會做出抗拒的反應，因為這裡也埋藏著肢解與瘋狂的危險。許多人祈求能夠從超越他們能力範圍的誘惑中得到解救，繼續屹立不搖，不是沒有原因的。榮格最喜歡的阿尼瑪力量解說，是黑格（Rider Haggard）女士的《她》（*She*），這是一本二流的小說，書中描述一位非洲荒野中不朽的「妖婦」（femme fatale），她的命令必須服從。[「必須服從的她」不只是藍坡（Rumpole）先生氣燄高張太太的幽默指稱；該用語來自黑格的小說。]她是永恆死去再復活的女神，引領男人進入熱情的火燄，最後則進入他們的毀滅。但是榮格也認為，假如個人能夠忍受情緒與激情之火，他就可以被轉化。原型、集體無意識以及其力量的經驗，可以導致一個全新的意識狀態，自我在這個狀態中，會覺得心靈和感官的物質世界一樣的真實。阿尼瑪與阿尼姆斯一旦被體驗成是超越的事物，並被認為是瑪雅後，就成為對世界全新了解的橋樑。阿尼瑪與阿尼姆斯的經驗是通往本我的皇家之路（the *via regia*）。

榮格的阿尼瑪／阿尼姆斯理論，看起來似乎有點像弗洛依德「性是里比多主要來源」這個老主題的高度想像變化型。但是，榮格在人類的性活動中看到比動物熱烈發情，試圖為自己釋出緊張或尋求快樂的更多內涵。心靈中具吸引力的因素也牽涉在內，當這些因素從伴隨的生理活動區分出來後，意象便為之浮現。這個意象是心靈的事實，它源自心靈光譜的原型尾端。它與性本能結合，而這個組合便賦予阿尼瑪／阿尼姆斯身體的驅力。

雖然人類的性受到原型意象的指引，但是意象不能被化約成驅力。某些人對我們具有吸引力。為什麼我們會選擇某人做心靈的伴侶，而不是他人？這是受到投射意象所控制的。一般而言，「阿尼姆斯喜愛把自己投射到『知識分子』，以及包括男高音、藝術家、運動明星在內的各種『英雄』身上。阿尼瑪偏愛女性身上所有無意識、黑暗、模糊和不相干〔鬆弛〕的特質，以及她們的虛幻、冷淡、無助等。」為什麼難於取悅的女人如此頻繁的吸引著男人，而且是如此的從容？為什麼女強人往往無法吸引男人？榮格認為，這種偏好柔弱無助女子的傾向，是基於某種阿尼瑪的投射，此時阿尼瑪在強烈男性認同的個人無意識中，仍然處於未分化的低劣狀態。古老的智慧告訴女人，要吸引男人就要「無助」！阿尼瑪代表的是男人未發展的部分，他在這部分的無助、鬆弛、黑暗與模糊是無意識的。他被此特質吸引。同理，女強人通常會被柔弱的男人所吸引，有時甚至是致命的吸引力，滿腦子充斥著要把他們從酗酒或其他腐朽事物中解救出來的幻想。她們所尋求的也是自己失去的一部分——阿尼姆斯，它在投射中以較差勁的男人出現。或者，如果她是一位柔弱無助的女人，那麼她的無意識就可能以強悍的男性補償，她會無助的被帶有英雄阿尼姆斯投射的男人吸引著。

一旦兩人在一起相互親暱後，接下來的關係便開始顯現出不同典型的阿尼瑪／阿尼姆斯特質。在親密的關係中，進入心靈交融中的不僅是夥伴的自我，也有無意識的部分，特別是阿尼瑪與阿尼姆斯。他們早就已經在那裡，各自提供情侶雙方吸引的因般的、集體的，甚至是原型的和普遍的。或許在兩人爆發出來的黑色物團下，隱藏著智慧的酵素。也許在已經過去的風暴中，我們可以獲得某些澄清和洞見。這將是意識的工作，超越情緒性的層次，獲得洞見與神入。至少人們將可以窺知個人與他人的心靈深層，也可以照見那通常隱藏在社會化人格面具之後，難以觸及的情緒。

當然檢視榮格自己的一生，以進一步擴大阿尼瑪人物對他的意義，是很有道理的作法。不過這超越了本書的研討範圍。我從他自傳中引用了某些段落，而印行的傳記以及其他準備發行的著作，將可以對他與女人間深刻的關係做更完整的描述。**榮格曾經說過，所有的心理學理論同時也是個人的告白，特別是那些述及心靈內在人物與性格的部分更是如此，例如陰影、阿尼瑪／阿尼姆斯與本我。這些概念與抽象的理論是奠基於具體的心理經驗，它們大部分是超個人的，而不只是獨立私有的經驗。**阿尼瑪對榮格而言，既是活生生的內在真實，是真正一流的內在人物，也是他在投射與關係中強烈經驗到的人物。從早期與他育嬰女傭的關係開始，經過他與艾瑪(Emma Rauschenbach)羅曼蒂克的求愛與婚姻，以及他與湯妮（Toni Wolff）深遠長久的關係，阿尼瑪一直是榮格內外生活的伴侶。對他而言，阿尼瑪似乎是他命運的導引者。而發生在榮格身上最深刻的本我經驗（我將在第下一章描述這個概念），乃是男女間的交融——當阿尼瑪與阿尼姆斯是其交融的引導人物之時。

本我／心靈的超越中心與全體

The Self
The Psyche's Transcendent Center and Wholeness

對榮格而言，本我是超越的，這表示它不是由心靈領域所界定，也不是被包括在其中；相反的，它不僅超越心靈領域，更重要的是它界定了心靈領域。

我曾想以論述**本我**（self）做為本書開宗明義的第一章，因為它是榮格整個理論視野中最基本的特色。這是他心理學理論的關鍵，而且在某些方面，它是大多數人把他與其他深層心理學及心理分析學者區隔的部分。值得注意的是，雖然心理分析理論在過去半個世紀，已經相當大幅度的朝向榮格的方向發展，但是即使有其他的心理分析理論家願意冒險，也極少有人像他在本我的理論化過程中走得那麼遠。儘管今日有許多作者在他們的臨床研究和理論陳述中，使用「自我」（self）這個字眼，但是對此概念所應涵括的範圍，沒有一個人可以及於榮格。不過，以榮格的本我理論開場，將會在歷史先後順序及概念上有誤導作用。它不僅是榮格理論中最基本的特色，同時也是巔峰之作。因此，我們需要準備工作，才能完全掌握它的意義與重要性。

對榮格而言，本我是超越的，這表示它不是由心靈領域所界定，也不是被包括在其中；相反的，它不僅超越心靈領域，更重要的是它界定了心靈領域。正是本我超越性的這個觀點，使得榮格的理論與其他像是柯哈特（Kohut）等自我理論家的理論大異其趣。對於榮格而言，本我很弔詭的「不是」自我本身。它不僅止於是個人的主體性，它的本質超越主觀的領域。本我形成了主體與世界或存有（Being）結構共通性的基底。在本我中，主體與客體，自我與他者，都結合在共同的結構與能量領域中。我希望這個觀點能在本章以下的說明中，最明顯的呈現出來。

英語對self這個字的典型用法，使得榮格在其理論中想要表達的意思，很難讓人心領神會。在日常用語中，self與ego是同義詞。當我們說某人是自私的（selfish）時候，我們的意思是自我中心或自戀。但在榮格學說的用語中，self的意義剛好相反。說某人以本我為中心（self-centered），是說他不會自我中心或自戀，而是擁有寬廣的哲學視域，不會因個人因素激動或容易失去平衡。當自我與本我完好的連接在一起時，個人便與一個超越的中心發生關聯，正好不會自戀的投注在短視的目標，或短期的利得上。在這類人的心靈中，擁有一種不受自我影響的品質，彷彿他們可以向一個比自我意識典型的務實、理性與個人考量更深刻寬廣的真實諮詢一般。

榮格的本我經驗

在進入榮格本我理論最重要的文獻《基督教時代》的討論之前，我想如果讓讀者對榮格設定本我存在的原初經驗有所了解，是會有幫助的。他後來的理論化乃是源自他的經驗。

榮格首度重要的本我經驗，據他自己說，是發生在一九一六年到一九一八年之間。他在這段人生困難時期的一項重大發現是，心靈底部有一個基本的結構，而且這個結構能夠對那些威脅個人心理穩定與情緒平衡的拋棄與背叛，以及由此產生的震撼有所抵禦。這就是對深層無意識中心理統合與全體模式的發現。

對榮格而言，本我的經驗——所有原型經驗中最不具個人特色者——具有高度戲劇化的特質。它是從榮格的內在掙扎與混亂中得來的，也是他那段生活時期的巔峰；當時他常常在想，是否他在心靈的荒原中迷失了方向。當他在糾葛的情緒、觀念、記憶與意象中摸索前進時，沒有地圖可供他諮詢。在他的自傳中，他稱這段時期是「與無意識的遭逢」。當榮格做出重大的發現時，他早已經進入他的中年危機時期。大約在四十一歲時，他已經與弗洛依德決裂五年多，並因此飽受情緒迷失與事業上不確定的痛苦，不過此時他已逐漸恢復過來。他把中年時期的前半段，稱作是發現內在世界、阿尼瑪及無意識意象與幻想多元性的時期。經過這些年的內在探索，榮格把他的夢境、幻想和其他重要的經驗，以精緻的細節和詳實的資料加以記錄，這就是後來稱為「紅書」（Red Book）的文件。對於無意識爆發在他身上的意象與情緒，雖然他掙扎著想要理出頭緒來，但是也試圖要去了解它們為何會湊合在一起，以及代表什麼意義。他曾運用像瑜伽呼吸的修行方式，來保持他情緒的平衡。當他的情緒具有摧毀他心靈平衡與健全的威脅時，他使用靜坐冥思、治療、積極想像及繪畫的方式，讓自己平靜下來。做為自己的治療師，他在無意識如潮水般湧現的素材中，發展出讓他的自我意識穩定的技術（他後來會運用在病患身上）。

此時，隨著他不斷的觀察、傾聽與記錄內在的經驗，他的心靈開放程度擴增到心靈光譜的原型那端，並且進入它浮現的精神世界。待在「阿尼瑪」層級數年後，他開始進入顯現本我原型——心靈全體與秩序中最基本的建構——的領域。這個本我的發現在他的自傳中被重新審視，而且是在那數年期間發生的。

首先是詭異的門鈴事件。榮格說，一九一六年的某個星期天下午，當他正坐在位於庫斯那特西思鵲斯（Seestrasse）家中的客廳時，他感覺屋內氣氛凝重。家裡的成員似乎情緒緊繃易怒。雖然他不了解原因，但是空中似充盈著隱形的靈體。突然間門鈴響起。他走去應門，不見人影。可是敲門者卻明顯的在移動。他發誓看見它在移動。是自己在移動！當女傭問起是何人按鈴時，榮格說他不知道，因為沒有人在門口。門鈴再度響起。這次女傭也看到敲門者在移動。這不是榮格的幻覺。接著榮格聽到以下自白的話語：

亡靈從耶路撒冷回來，在那兒他們並未找到所要尋找的事物。他們向我祈禱讓他們進來，並哀求我諭示，於是我開始教導……

——《回憶．夢．省思》

他決定把這些話記錄下來。以下是更多的內容：

哈肯（Harken）說：我從虛無開始。虛無即是盈滿。在無限中，盈滿即是虛空。虛無既是虛空，也是盈滿。你也許會把虛無說成其他事物，例如說它是白或黑，或說它非此是彼。這樣的虛無我們稱為PLEROMA。

——《回憶・夢・省思》

接下來的數日，榮格彷彿在被授命的情況下，寫出諾智派的文獻〈死者七諭〉（Seven Sermons to the Dead）。這個由諾智派大師巴西里德斯（Basilides）親自言傳的教諭，是從心靈的原型領域傳遞給榮格的訊息。

當然，我們知道在這次靈體造訪事件之前，榮格對諾智派的教義便非常感興趣，而且已經閱讀了許多古代諾智派文獻的斷簡殘篇，所以這個背景與他此次在客廳與書齋中的靈視經驗有許多關聯，是毫無疑問的。雖然它是以宏偉的宗教文獻形式呈現，不過也是富有高度想像力與創造力的新工作，而且它是從榮格自己的心靈深處，流暢自發的浮現出來的。他不是只從記憶中摘述出來——甚至連潛藏記憶（cryptomnesia）也無法解釋它，因為我們無法在其他諾智派的經典文獻中找到它。他也並未刻意試圖以諾智派的風格寫作。這次的寫作不是蓄意的。我們可以回顧看出，這個大約三天完成的文獻，包含了許多榮格會在日後數十年中，以比較理性、智識和科學的詞彙理出的想法。

這是榮格在這段與無意識遭逢的歲月裡，許多不尋常心靈經驗中的一件。在比較世俗的層次，榮格繼續他的生活以及他的專業活動。這段期間幾乎正好與第一次世界大戰相若，此時屬於中立國的瑞士，與歐洲和更廣大的世界分隔開來。旅遊是不可能的。和所有瑞士的成人一樣，榮格也在軍中服役——他是一位醫官——他被分派到瑞士法語區查托·迪奧克斯（Chateau d'Oex）的戰俘營中，擔任指揮官的職務。那必定多少是一份沉悶的行政工作，於是他開始在每天清晨固定花若干時間畫圓圈，如果覺得需要的話，就把圓圈畫得更精緻。完成這項練習後，他會覺得神清氣爽，足以應付接下來的一天。這個活動使他精神集中，榮格在他的自傳中如是說。

這些圖案的某一部分後來變成非常精緻的繪畫。榮格日後把它們拿來和西藏佛教所謂的曼陀羅（Mandalas）相比較，後者代表的是宇宙和佛教修行者的精神世界。（二十年後榮格在前往印度的路上，會極有興趣的注意到，人們是如何的在家裡或廟宇的牆壁上，繪製這些傳統的意象，以便能夠與宇宙的精神力量保持連繫，或保護自己不受邪惡勢力的影響。曼陀羅同時具有保護與虔敬的功能。）榮格於是了解到，自己當初重現了以原型為基底的宇宙，而這個原型和把事物納入秩序有關。這個經驗使他最後做出以下的結論：假如自發展現的心靈過程得以依序展開到終點，允許完整的自我表達，那麼這個心靈過程的目標——顯現秩序與統一的普世意象——便能夠實現。曼陀羅是表達對秩序井然之全體直觀的普世意象。為了對心靈中運作產生這個目標與模式的原型因素命名，榮格遵循印度《奧義書》（*Upanishads*）把較高人格稱為「真我」（atman）的方式，選擇了「本我」（self）這個詞彙。這種精緻繪製曼陀羅的經驗，成為榮格本我的重要經驗，而且逐步自發的在經驗層面滲入意識中。

最後，榮格在一九二八年記錄下代表他對本我了解的完成之夢。（雖然他中年危機的高潮在一九二〇年就結束了，但是盤旋不去的後續效應，則一直延伸到榮格五十二歲時為止。）榮格在四十到五十歲期間，所過的是一種在心理上近乎孤絕的監禁生活，最初強烈而深刻，然後逐漸淡弱。最後他夢見自己在英國的城市利物浦出現。他在某個雨夜與一群瑞士的朋友們走在當地的街道上，不久他們遇到一個形狀像車輪般的交叉路口。好幾條街道從這個車轂輻射出去，交叉路口的中心則是一方形臺。雖然四周漆黑一片，但是中心的安全島則明亮無比。安全島上只長了一株樹，是佈滿紅色盛開鮮花的木蘭。他的同伴似乎看不見那顆漂亮的樹，但是榮格卻被它的美所征服了。後來他解釋這個夢的意義說，他被賦予一個超越世俗之美的本我中心意象，而這個意象位於「生命之池」（pool of life）〔與Liverpool有關〕中。根據這次夢的經驗，他寫到，「我個人的神話墨跡第一次為之浮現。」在這個關鍵的脈絡中，榮格宣稱本我是個人神話的中心。他後來把它視為是最原初而首要的原型（太一），所有其他的原型與原型意象最終都源自這裡。本我是榮格心理世界的磁力中心。它的呈現使自我的指針朝向正北。

榮格對本我的定義

現在我們從榮格自己對本我的體驗轉移到他的理論，以下的一些說明對於討論這個主題的主要文獻《基督教時代》將有所幫助。榮格對本我的寫作散見《榮格全集》各分冊，以及一九二五年之後（榮格五十大壽之後）出版的論文，其中《基督教時代》是最專注此一主題討論的著作。這本書在一九五一年出版，依據本書編輯的說法，該書「是對本我原型的漫長自白」。它的副標題「本我現象學的研究」也表達了同樣的觀點。本書的標題*Aion*取材自古代的宗教拜光教（Mithraism）〔譯註：古波斯崇拜光和真理之神的宗教〕，是該教認定統治星象曆法與時間本身的神名。因此，這個標題所意指的是，那控制自我意識的超越時空連續體。

《基督教時代》的前四章，對榮格的心理學做了簡短的一般介紹，內容包括自我、陰影、阿尼瑪／阿尼姆斯，以及對本我理論的初窺。此後他進入許多代表本我象徵的討論，這些象徵主要出自基督教聖經傳統，以及相關的「異端邪說」如諾智派和煉金術。該書在末了一章〈本我的結構與動能〉臻於巨型理論的巔峰。榮格有關本我的論證往往令人難以了解，因為他貫穿連結了占星術、諾智派、煉金術、神學與許多傳統的象徵系統；他認為，我們現在稱為本我的這個心靈超越因素，在古代已經被許多人研究和經驗過，而他們用象徵語言所做的解釋，對我們了解它的本質與能量是十分有用的。

論述本我的導論一章開場白如下：「本我……完全落在個人領域之外，如果顯現的話，也只會以宗教的神話意象出現，它的象徵從最高的到最低的都有……任何人想要成就這番困難的事業，也就是不僅從智識上了解它，並要依據它的情感價值來了解，那麼就至少必須掌握阿尼瑪／阿尼姆斯的問題，以便打開通往更高統合——對立合體（*coniunctio oppositorum*）——的道路。這是達到全體不可或缺的必要前提。」在該文的這個關口，榮格引介了「全體」（wholeness）這個與本我等同的詞彙。實際而言，當本我在意識中實現之際，便是全體呈現之時。事實上，這種境地無法完全實現，因為本我內的種種極端與對立，永遠會產生更多需要整合的新質素。然而，在日常的基礎上練習全體，乃是本我之道，這也就是榮格版的活在道中。「雖然『全體』乍看之下只不過是抽象的觀念罷了（就像阿尼瑪與阿尼姆斯一樣），但就它是心靈中可預期的自發象徵形式而言，它卻是實證的經驗事件。這些四方位體（quaternity）或曼陀羅式的象徵，不僅發生在從未聽過它們的現代人夢中，同時也在許多族群與時代的歷史記錄中廣泛的流傳著。」

本我的象徵乃是《基督教時代》的焦點。從榮格的角度觀之，它們是無所不在而土生土長的（換言之，它們是與生俱來和自發的），而且它們是從原型本身通過原型的類靈（psychoid）區域，然後進入心靈中的。超越的非心理實體——本我，在心靈系統中作用產生全體的象徵，通常是四方位體或曼陀羅（方形或圓圈）的意象。「它們做為統合體或全體象徵的重要性，廣泛的受到歷史與實證心理學的肯定。原本看起來像是抽象的觀念，實際上卻是某種存在且可被經驗的事物，它同時也自發的證明它本身是先驗的存在。因此，全體是獨立於當事人之外，面對主體的客觀因素。」

在這個段落中，榮格繼續描述心靈內一系列位階化的單元。就像阿尼瑪與阿尼姆斯「比陰影佔有較高位階一樣，全體所佔的位置與價值又優於垂直線上的前兩者。」在最淺的層次是陰影，垂直線中站立在陰影之上，具有較優越權威與力量的則是阿尼瑪與阿尼姆斯。位居整個心靈政府之首的是本我，它是終極的權威與最高的價值；它是「位於客觀價值量表最高點的統體和全體，因為這些價值的象徵已經無法與『神的肖象』（*imago Dei*）有所區分。」榮格認為我們每個人的內心都帶有神的意象，也就是本我的印記。我們帶有原型的標誌，原型archetype這個字中的*typos*，意指烙印在銅幣上的記號，而*arche*則是原版或主版的意思。每個人都帶有本我原型的印象。這是與生俱來的天賦。

由於我們每個生而為人者都烙印著「神的肖象」，因此我們也就與「位於客觀價值量表最高點的統體和全體」相接觸。當需要的時候，這個直觀的知識便肯定會降臨到我們身上；榮格說：「經驗顯示個人的曼陀羅是秩序的象徵，它們在病患身上發生的時機，主要是心靈失去方向或轉向的時候。」當病患自發的畫出曼陀羅或夢見它時，對治療人員而言，這就說明當事人的意識有心理危機。本我象徵的出現意味著心靈需要被統合。這是榮格切身的經驗。在他最沒有方向的時候，他便開始自發的繪製曼陀羅。補償性全體象徵是在心靈面臨破碎的危險時，由本我產生的。這是本我原型介入企圖統合它的時刻。

統體象徵與心靈系統中整合運動的浮現，通常是本我原型行動的標誌。本我的工作似在於凝聚心靈系統的完整性，並保持它的平衡。它的目標是統合。這不是靜態而是動態的統合，我們在下一章論述個體化時便會了解。心靈系統的統合是藉變得更平衡、彼此更相關整合來完成。本我對整體心靈的影響，可從自我對意識的影響反映出來。和本我一樣，自我也具有穩固重心、引導規範與統匯整合的功能，它的目標是在情結與防衛心態存在的前提下，盡可能的去平衡整合各種心理功能。我在第一章中論及自我時，把它視為是意識的中心和意志的所在。它具有說「我」、「我在」、「我想」和「我要」的能力。在另一個層次上，它成為自我意識的心靈實體，不只能夠說「我在」，而且能夠說「我知道我在」。雖然未必真是如此，但是本我有可能也知道它在。原型擁有自我覺察的能力嗎？它知道自己的存在嗎？榮格在原型中發現他認為是某種意識的存在。例如，當原型意象入侵自我並將它擄獲時，它們便會有聲音、身份、觀點和價值。但是，原型單元本身內部是否有自我覺察的能力呢？某個神話便強力指出有這樣的覺察作用存在。當摩西在烈焰下的荊棘叢中遇到神時問說，「你是誰？」原型的聲音回答說，「我就是我。」(I am that I am.) 不論這句話神學上的解釋為何，它似乎說明了原型中的自我反思意識。

榮格相信自我與本我之間存在著某種特別關係。本我可能具有最高形式的自覺能力，並與自我分享此一能力，而自我反過來又在心靈世界中比較熟悉的區域，強烈的表現出這項特質。因為自我與本我間此一親密的關係，我們似乎可以論證說，本我事實上是自我的意象，是某種超我或自我的理想典範。然而，榮格要堅持的論點是，他發現了在心靈之外有某種類靈事物——類似心靈但非純粹心靈——的存在；它是某種通過意象、心理內容、神話觀念，以及像摩西在烈焰荊棘叢，或西奈山受頒律法的啟示經驗等，來影響心靈系統的事物，但它不是自我或社會建構的產物。

本我的象徵

雖然整本書都是有關本我，但是《基督教時代》中有兩章專門論述這個主題。首先是導論式的第四章，我們前面已經討論過了。而該書的最後一章，或許是榮格對本我最精微完整的陳述。它加入了西方過去兩千年貫穿文化表徵的諾智派、占星學、煉金術等對象徵的討論。

本章首先把本我指稱為埋藏在自我意識之下的原型。自我意識是個人意志、覺識與自我肯定的基點。它的功能是為個人費心，使他能夠存活。誠如我在第一章所描述的，自我是環繞著創傷與原型（本我）這個二元中心組織而成的情結。為了說明本我，榮格此時為它列出了一群可能的意象。它們中某些是顯現在夢境或幻想中的意象，其他則在與世界的關係及互動中呈現。像圓形、四方形與星形等幾何結構，便無所不在的頻頻出現。它們可能不動聲色的在夢境中出現，例如人們圍繞著圓桌而坐，在四方形的空間內安排四個物體，一個都市計畫和家園等。數字，特別是四或四的倍數，顯示的是四方位體的結構。［榮格並不是那麼喜歡三這個數字，他認為這只是本我的部分表達；三「應該被理解成殘缺的四方位體，或是朝向四方位體發展的踏腳石。」雖然他在其他的段落中，對三的倍數或三位一體的事物，抱持比較正面的看法，但是他基本上只把它們看成是對全體的理論趨近而已，欠缺全體所必須的具體性與基礎性（groundedness）。］

其他的本我意象，則是像鑽石與青玉等代表高尚稀有價值的寶石。不過本我的表徵更有包括城堡、教堂、船艦、容器等在內的事物，具有軸心和輪軸向外輻射及於輪緣的車輪，當然也在名單之列。比自我人格優越的人物，像是父母、叔舅、國王、皇后、王子與公主等，也都是本我可能的象表。也有象徵本我的動物意象，例如大象、馬、公牛、熊、魚及蛇。這些是代表個人部落與民族的動物圖騰。集體要比自我人格來得偉大。

本我也有可能由樹和花等有機的意象來代表，以及由山與湖等無機的意象來代表。榮格也曾提過陽具是本我的象徵。「凡是性被低估之處，陽具便被視為是本我的象徵。低估可以存在於日常的壓抑或顯明的貶抑中。在特定已分化的個人身上，對性的純粹生物學詮釋與評價，也有可能產生這樣的效應。」榮格把弗洛依德的過度理性態度，歸咎於他對性的過度強調。這使得榮格對性本能採取神秘的態度。

本我包含對立物，而且「具有弔詭的反道德特質。它是男女、老少、強弱與大小的對立組合。［他似乎也附加上善惡的對立。］」表面上的弔詭極可能只是意識態度逆轉（enantiodromian）改變的反映，它對全體可能產生正向或負向的效應。」換言之，代表本我的形式受到當事人對全體之意識態度的影響。意識態度的改變可以帶動本我象徵特色的轉變。

當榮格要做綜合陳述時，他開始劃出本我的圖案，希望藉以澄清他的想法。《基督教時代》中第三九〇段到三九一段的圖案，試圖摘要大量的素材。雖然榮格以圖案表達自己的思想有點不尋常，但是他現在所觸及的複雜程度以及可理解的層次，也許已遠超過人類所能掌握的地步。第一個圖案所顯示的內容，可以被稱作是本我層級的交叉觀點。（圖一，參見下頁）

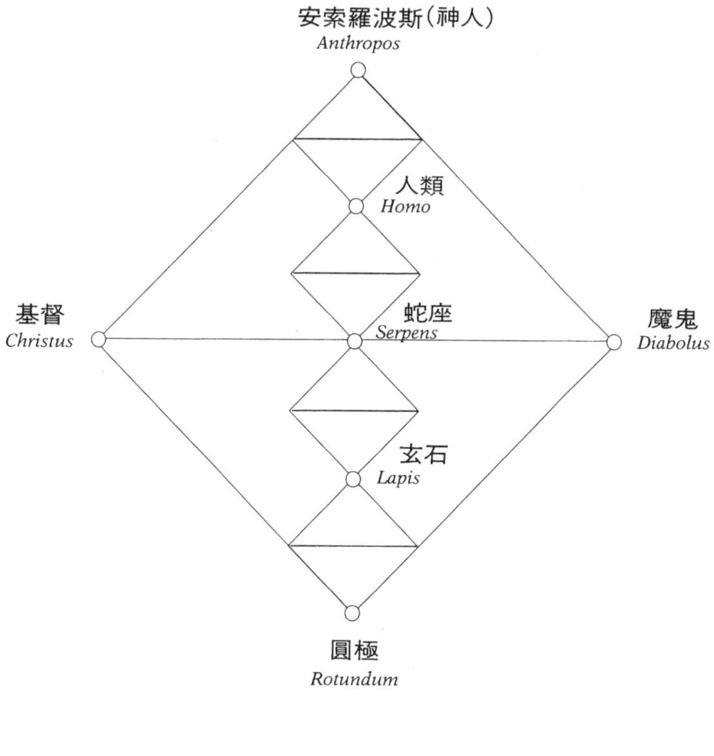
安索羅波斯(神人)
Anthropos
人類
Homo
基督
Christus
蛇座
Serpens
魔鬼
Diabolus
玄石
Lapis
圓極
Rotundum

（圖一）

每一層都由四方位體所建構，它們各自代表該層級的複雜性與全體。四個四方位物體依序堆疊，從物質底端連續上升到精神頂端，所表達的就是全體。某個角度下呈現的四方位物體，從另一個角度看，便是彼此尾端相連的三度空間六角圖形。

這些三度空間的雙層金字塔合體，各自與它上下的合體分享一個共同點。在安置成四個一堆的結構中，有一條線——「基督—魔鬼」線——將它們一分為二，以上是人類與安索羅波斯的四方位體，以下則是「玄石」與圓極的四方位體。位於人類的圓形是自我意識的位置。在它之上的是安索羅波斯的四方位體（圖二，參見下頁），也就是精神層次對理想全體的表達。這由諾智派的安索羅波斯或較高的亞當（理想的人物）所象徵。榮格說，目前的歷史時代，包括過去的兩千年，開始強調這個精神的四方位體。人類被認為是依基督教理想精神人物——拿撒倫（Nazareth）的耶穌——之意象所造的精神存有。耶穌變形成基督，乃是人類將他們自己精神上較崇高的（安索羅波斯）自我，投射到這個人物上的結果。

在人類圓圈（自我意識）之下的四方位體，代表的是它上面四方位體的陰影。它安置在蛇座的圓圈上。這個「較低自我」反映出位於上面的「較高自我」，但是卻混沌不清。陰影人物各自佔據四方位體的四個點（較低的傑施羅對照較高的傑施羅，依此

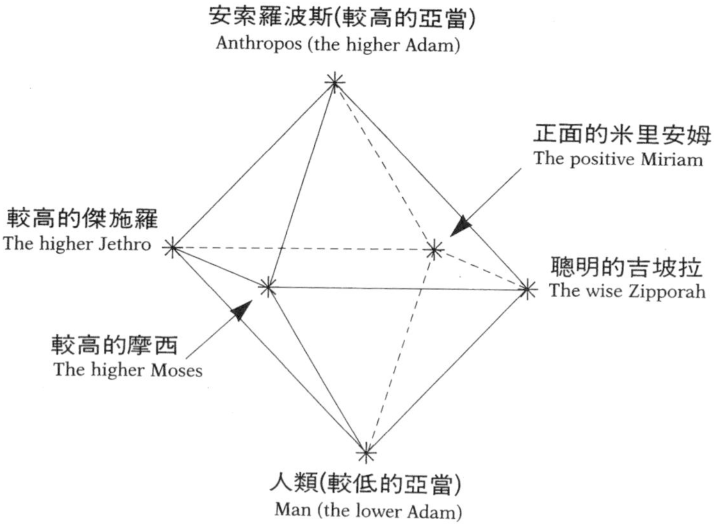
安索羅波斯(較高的亞當)
Anthropos (the higher Adam)
正面的米里安姆
The positive Miriam
較高的傑施羅
The higher Jethro
聰明的吉坡拉
The wise Zipporah
較高的摩西
The higher Moses
人類(較低的亞當)
Man (the lower Adam)

(圖二)安索羅波斯四方位體

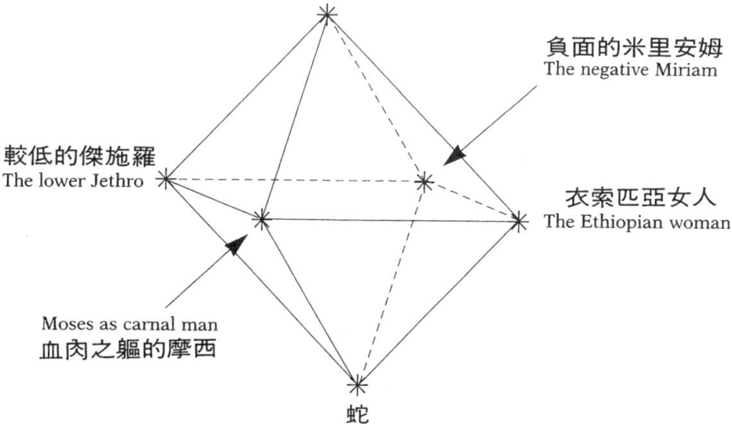
負面的米里安姆
The negative Miriam
較低的傑施羅
The lower Jethro
衣索匹亞女人
The Ethiopian woman
Moses as carnal man
血肉之軀的摩西
蛇

(圖三)陰影的四方位體

類推）。榮格稱這個結構體為陰影的四方位體（圖三，參見上頁）。它與上方的安索羅波斯四方位體逐點對應，所代表的是同一全體比較不理想的表達形式。從陰影以降下墜的軌跡持續不斷，從精神降至本能，再從本能降至物質本身。蛇座點代表的是陰影的基底，並且與物質世界相連。

陰影是次級的人格，它裡面的最低層級與動物的本能性無分軒輊。這便將我們理想的精神全體與生物學的動物本性連接起來。一個不能將意識連接到這個四方位體來的人，只是以腦在生活，活在智性與精神理想的領域，與日常生活或生物學的存在光譜毫不相干。但是，認同陰影的四方位體，並以此為主要生活型態的人，意識多少都會被限定在動物存在的層次：例如，個人的存活（營養）與物種的存活（性），是精神與道德低度發展的狀態。

蛇象徵的是呈現最強烈及最明顯弔詭性的本我。另一方面，它也代表人性中所有「狡猾的」（snaky）的事物，如求生存、護地盤及基本生理性的冷血本能便是。不過，它也象徵身體與本能的智慧，也就是身體的覺察作用、直觀與本能的知識。蛇傳統上便一直是一個弔詭的象徵，既代表智慧，也指向邪惡（或作惡的誘惑）。蛇在因此象徵本我內最極端的對立緊張。

繼續往下走便是「樂園」的四方位體（圖四，參見下頁），它所代表的是降至有機物質過程的層級。人類不僅與動物，也與植物共同分享這個層級。這裡所指的是有機生命依碳原子本質及其特性組織而成的生理事實。有機化學是有系統研究此一人類存在層級的科學學科。以下則是「玄石」的四方位體（圖五，參見下頁），它是存有的絕對物質基礎。在這個層級，化學元素與原子粒子必須要能形成某種統體與組織，彼此互動以產生穩定的生物，提供足夠的生理均衡，以支撐有機心靈與精神層級的生命。

在心靈與有機身體之下的這個層級，進入了無機物的領域，事實上是一路降至分子的層級。當本我的結構到達圓極的層級時，它已經來到純粹能量本身的層次，它穿越了原子層和次原子層。榮格說，圓極是一個抽象的先驗概念，亦即能量的概念。

純粹的心靈被留在「基督—魔鬼」線以下，也就是蛇的四方位體。那條線相當於心靈浮現進入物質的類靈疆界。雖然蛇帶有心靈的特質，或稱作準心靈，但是它的冷血，意味它代表的能量距離自我意識與個人意志，也是非常遙遠的。它展現出某種運動與意識，但是距離人類的自我意識卻是非常遙遠。蛇代表的是自主神經系統。雖然身體中自有智慧，但是它的意識能夠被自我解讀詮釋的，卻如星火般的稀少。不過，身體仍然要對某些夢的產生負責。蛇的象徵曖昧模糊，要不是從自我對它的矛盾情緒衍生——由於我們執著於較高的安索羅波斯層級和我們的理想，因此便與我們的身體

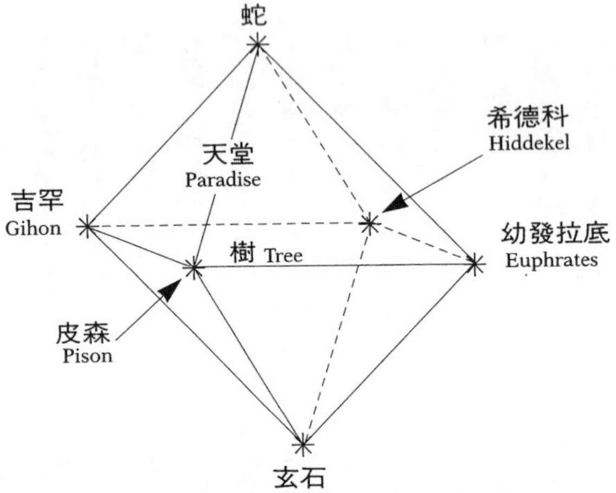

(圖四)樂園的四方位體

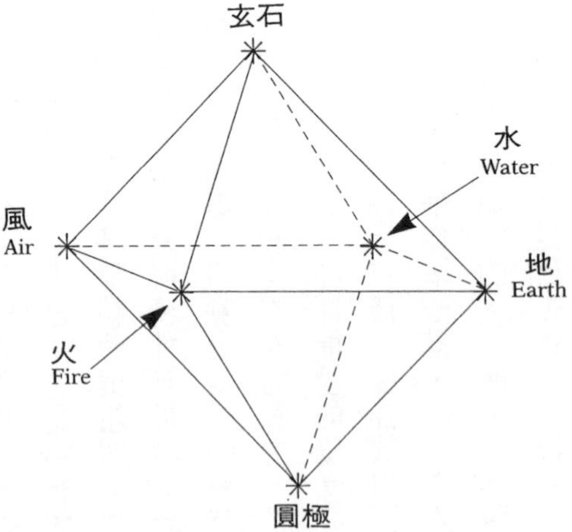

(圖五)玄石的四方位體

本能有衝突——就是因它恐懼與較高意識層級失去連繫後，會有毀滅性結果而產生。蛇的層級是意識的創造者，它在此代表的是心靈化的過程。

穿透無機物層級後，便來到當代物理學也發現的純粹能量領域。這是不斷向物質內部運動，一直到達物質消解成純粹能量的地步為止。但是能量是如此的不可觸摸。事實上它是一個觀念、抽象和概念，用來描述那可以從其效應測度，但卻無法直接觀察到的某種事物。我們在第三章談到的心靈能量，對榮格而言是生命力，是我們帶入種種計畫的活力，以及我們對生命和他人所產生的興趣。它是值得考慮重視的一種力量，凡是在臨床上曾經因沮喪，而承受過失去它的苦楚的人，都非常了解這一點。它的力量足以移山倒海，但是它也是朦朧而不可測度的。因此，穿越心靈層級中最高的觀念與理想層次，下降到具體的自我存在與身體的自我真實，然後再到我們物質存有的化學與分子構成，最後來到純粹的能量，又回歸觀念的領域，也就是靈魂、心理與精神的世界。因此，諸種四方位體觸及它們最大的對立極端，亦即精神與物質的極端。榮格畫出以下的動態循環圖來表達這個概念（圖六，參見下頁）：

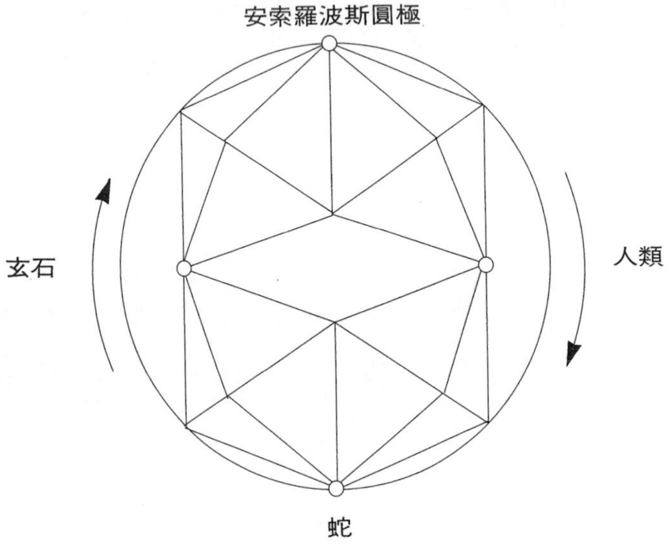

(圖六)

箭頭繞著圓圈而行，最後安索羅波斯與圓極再次在頂端匯聚在一起。

本我是心靈的核心奧秘

從榮格的著作我們可以明顯的看出，統體與全體是他的最高價值，而且本我形塑了他個人的神話。但是他試圖以證據和理論為此神話築基。更正確的說，本我的理論——此概念預設有一個從心靈本身外面控制心靈，並規劃出它全部範圍的超越中心——乃是榮格用來解釋諸多心靈現象的工具，例如圓圈或曼陀羅圖案的自發呈現，心靈在他稱為「補償作用」的過程中，所表現的自我調節功能，意識在他稱為「個體化」的一生過程中，所展現的進化發展現象，以及明顯存在於心理生活中，那些造就連貫結構與產生能量的許多對立極體等皆是。榮格曾被許多保守的神學家批評，認為他把本我轉形成為一個神的概念，然後放置在他創造的神殿中供己崇拜。他很可能會針對這個指控回應說，身為一個實證的科學家，他只是觀察事實並試圖解釋它們的存在，以及它們彼此間的關係。對他而言，本我的概念提供了他對某項心靈最神秘現象——它顯然神奇的創造力，它具有核心的動能，以及它有秩序和連貫性的深層結構——的最佳解釋。

心靈系統的全體包含有許多部分。思想與原型意象位於光譜的一端，驅力與本能的象表在另一端，其間則是大量的個人物質，例如遺忘和記起的記憶以及所有的情結都是。使整個系統規律並予以整合的因素，乃是看不見的本我。這是在許多其他因素間創造平衡，並且將它們整合成一個功能性單元的因素。本我是中心，它統合了各個碎片。不過它是在相當遙遠的距離發揮作用的，就像太陽影響行星運行的軌道一般。它的本質超越心靈的疆界。它是類似心靈的，一路延展超過人類的經驗與認識。就這點而言，榮格會說本我是無限的。至少我們不能在實證的證據上說它的邊際在哪裡。依據榮格在自傳中的註解，這是他立論的極致，不過這已是相當遠的距離了。

本我的浮現／個體化

Emergence of the Self
Individuation

榮格用個體化來說明心理的發展；他對心理發展的定義是，成為一個統合而獨特的個人，一個不可分割的整合個人。

榮格把本我視為人生旅途中持續經歷的轉化過程。從出生到年老的發展序列中出現的每一個原型意象——神聖嬰兒、男孩與女孩、英雄、國王與王后、乾癟老太婆與智慧老人——都是這原型意象的各個面向與表現。

榮格心靈地圖特色的介紹已經就緒，有了這個前景，我們便可以對發生在個人一生中的心理路程進行討論。雖然我已經多次觸及這個心理發展的主題，但是因為對榮格的理論具有整體的了解，所以要傳達榮格所謂「個體化過程」(Individuation Process)的完整意義便有可能。人們在他們的一生中，以許多不同的方式發展，而且在許多層次經歷多元的變革。全體的一生經驗總合——本我在心靈結構與意識中的浮現——被榮格概念化的稱為個體化。

榮格的個體化概念，部分是基於一項普遍的觀察，亦即西方社會的人們在活了七、八十歲的一生中，確實有所成長與發展。「生理上」，人們生為嬰兒，幾年後進入幼童期，然後進入青少年期和初期的成年期。生理發展的高峰通常出現在晚期的青少年期和初期的成年期，而生理的成長大致在二十歲左右便完全長成。健康的身體此時活力充沛，完全具備生物繁衍能力，以及面對外在世界所必備的英雄行徑與耐力。雖然肌肉可以再強化，運動技巧可以磨鍊得更精銳，不過個人的生理發展此時已經完成。三十五歲左右身體功能的退化毀損益發成為重要的因素。個人必須節制並保護身體，小心不要給予過大的壓力，以免損壞到無法修復的地步。一旦中年到來，生理發生的變化與發展往往不受歡迎，而且會造成相當大的焦慮。皺紋、胃胸的鬆弛塌陷、關節疼痛——所有這日常生活的一切，都在提醒個人是必朽的。成人期與中年之後必然是老年齡層人們的一項選擇。這並不是說他把早期發展的重要性減至最小，他顯然對人格的遺傳特色與傾向賦予高度的注意，但是人格的完整表達與顯現，卻需要一生的時間來舒展。本我透過榮格和如艾力克森（Erik Erikson）等其他理論家所描述的許多發展階段而漸次浮現。

對榮格而言，心理發展隨著心理發展的道路而達到某個程度。它可以被分成人生的前半段與後半段。在一篇影響深遠，名為〈生命階段〉(Stages of Life) 的短篇文章中，榮格用太陽早晨昇起、正午當空、下午降落，最後在夜晚落下的意象，來描繪這個發展的軌道。這個發展過程大體上與生理發展的模式呈對應關係，但是榮格補充說，兩者間有極大的不同，特別是人生的後半段部分。首先，當嬰兒的自我從無意識的淵藪中浮現出來時，意識便像早晨太陽的昇起一樣，而它的成長、擴延以及增長的複雜性與力量，則和裝載它的身體成長與發展同時發生。當身體成長、大腦成熟、學習能力發展擴張時，自我也發展它的力量和能力。第一步是將個人的身體與周遭世界中的物體加以區別。這個發展和內在無意識母體的分隔同步進行。世界變得更為真實具體，不再只是粗糙投影的接受者。個人開始會區分事物，並觀察到彼此的差異。他們開始快速的朝向獨立個體運作的能力發展。他們開始像個人般行動，具有控制自我與環境的相當能力，而且能夠依據社會要求的行為標準涵容情感與思想之流。**自我為了個人**

在周遭的文化中生存，以及達成個人的利益，非常自然而順暢的學會控制環境。它發展出人格面具。健康的小孩與年輕人的自我，以出生環境提供的條件為準，變得自立自足，忙著學習建立自己的世界。調適——奠基於母親—嬰兒單元等原型意象，以及爾後分離與征服的英雄模式——是在相關的情境中發生的，不論該情境為何。如果一切進展順利，人們最終將能夠從他們對家庭根源的依賴中解放出來；他們能夠在生物上繁衍子嗣，並且能夠在他們自己創造的養育環境中撫養孩子；他們也可以在他們存在的成人世界中，扮演一定的角色。內心裡他們形成了自我的結構與人格面具，這些都是基於原型的潛能與類型的傾向而構成的。前半生的主要發展計畫是自我與人格面具的發展，以便達成個人生存、文化適應與擔負養育子女責任的目的。

這個工作如何完成，以及它的具體情況如何，大體上要視個人出生的家庭、社會階層、文化與歷史時期而定。這些因素會影響並形塑男女、貧富與東西方個人間發展差異的許多細節。這些因素同樣也主宰了有關角色與責任擔負的時機細節。然而普遍的原型是，每個文化都會期待要求年輕人完成自我發展與調適的工作。在所有的文化中，英雄與英雌的意象都被標舉為理想。英雄是某種完成自我發展的理想形象，是人們所應仿效欽羨的。英雌則是同一模式的女性意象。在某些社會中，由於種種實際目的之故，在青少年期結束前，自我與人格面具的發展便已全部完成，而在其他的社會中（例如現代社會，因為有冗長的教育要求），也許一直要到中年將至才會完成。

個體化

榮格用個體化來說明心理的發展；他對心理發展的定義是，成為一個統合而獨特的個人，一個不可分割的整合個人。個體化涵括的範圍不止是在前半生將自我與人格面具發展得很理想。當這項工作完成了以後，另一項工作開始浮現，因為理想的自我與人格面具發展，將許多心理的質素遺留在意識的圖像之外。陰影沒有被整合，阿尼瑪與阿尼姆斯仍然處於無意識狀態，而且本我雖然一直都在幕後發揮功效，但是卻幾乎無法直窺其盧山真面目。但現在問題來了，個人要如何才能達到較高層次的心理統合狀態？亦即人格中的意識與無意識面向如何能夠獲得統合？個體化的工作是有可能失敗的。個人可能直到垂垂老矣，內在依舊是分裂的、未整合的、多重人格的，但是在社會與集體層面，仍然被認為過著成功的生活，儘管那膚淺得很。雖然心理發展有極強的內驅力支持是無可置疑的，但在意識層次上達到深層內在的統合，確實是非常稀有的；榮格所說的個體化衝動，主要不僅是生理的，也是心理的。我會隨即解釋它的機制。

對那些想拿榮格與其他心理學理論家比較的讀者，我要在此插入一個提醒的註腳。我們應該小心不要把榮格的個體化概念，和其他心理學理論家所用的相同名詞意涵混為一談。把榮格的本我概念與其他作者的相同名詞意涵比較，也是類似的情況。例如，在莫勒（Margaret Mahler）的著作中，她極為強調的一個過程稱作「區隔／個體化」(separation/individuation)。孩子在大約兩歲時開始說「不」，而與母親區隔開來。植入個人心理自然發展過程中的這個動向，自發的發生並促進自我的發展。它是以原型為基礎的，可說是與英雄原型或類似狀況的初次呈現相關。對榮格而言，這是一生個體化的某個面向，但卻顯然不是全部的內容。這個朝分隔發展的動向，其目的在創造一個心理情境，使得日後可以更進一步朝向意識的發展邁進，以臻於人格最後的全體統整。對莫勒而言，分隔本身並非目的，只是過程中的一站。個體化對榮格而言則是目的本身。

個體化發生所憑藉的心理機制，不論我們在前半生或後半生來思考它，乃是榮格所謂的「補償作用」(compensation)。意識與無意識間的基本關係是補償性的。自我從無意識中成長——驅力來自與周遭世界分離，以便更有效適應環境的強大本能——造成自我意識與其所生之無意識母體間的分離。自我有偏頗（one-sided）及過度自我本位的傾向。誠如我們前面所見，這是基於英雄的原型模式。當此一情況發生時，無意識便開始補償這種偏頗的傾向。典型的補償作用發生在夢境中。補償的功能是使心靈系統平衡。這些補償作用完全針對當前的情境而生，而它們出現的時機則端視目前意識作為或不作為的內容，以及自我意識的片面態度和發展而定。然而，這許多日常瑣碎的補償作用，「往往」會累積成各種模式，而這些模式又為朝向榮格稱為個體化之全體的螺旋發展奠定了基礎。榮格在一系列的長夢中，特別清楚的發現這個情況，他說，「這些表面分立的補償作用把它們自己組合成某種計畫。它們似乎聚在一塊兒，就最深層的意義而言，它們似乎是臣屬於某個共同目標之下……這個以一系列長夢的象徵手法，流暢自發的表達它自己的無意識過程，我稱為個體化過程。」我們也同樣可以把這個規律應用到一般的心理發展過程。在整個人生歷程中，無意識以許多方式補償自我意識——說溜嘴、遺忘或神奇的啟示；處理意外事件、災難、婚外情和橫財；產生靈思巧智與導致災禍的愚蠢概念。在榮格稱為個體化的一生開展中，驅策的力量是本我，而使它浮現在個人意識生活中的機制則是補償作用。這種情況在前半生和後半生都會發生。

不過，後半生涉及的運動是與前半生所發生者不同。在個體化的後半段過程中，模式的基調不在於自我從它的背景和它對環境的認同中抽離，而是與整個人格統合。榮格有時會提及「回歸母親」，這是一種隱喻的表達方式，說明當自我發展在中年達到巔峰狀態時，持續追逐同樣老套的目標，是不會得到更進一步意義的。事實上，某些已經達成的目標，現在被質疑是否能被當作終極的價值，這便會導致對既有成就，以及更進一步意義何在的重估。在以堅實的自我與人格面具應世之外，生命仍有許多其他的內涵。「曾經滄海，滋味已嚐」乃是中年人心態的綜觀寫照。現在又當如何？此時意義藏在他處，心靈能量改變了它的軌道。此時的任務變成要將自我與無意識加以統合，其中包含個人尚未活過的生命與尚未實現的潛能。此一後半生的發展乃是榮格心理學中個體化的經典意義——成為你的潛在存有，只是現在更深刻、更清醒罷了。這必須有象徵的強大力量，是它們使我們一向懵懂無知的無意識內容得以提昇浮現。自我依靠本身的力量，無法完成這個較龐大的人格統合工作。它需要天使的協助才行。

榮格本身在與弗洛依德決裂後，並未花費太多時間思考前半生的問題。他感興趣的主要是，像他在〈個體化過程研究〉(A Study in the Process of Individuation)一文中所描述的五十三歲女人那樣的人。他的病患大多是這類型的成年人。這些人沒有嚴重的精神疾病、不需要醫院或醫療、不再年輕，他們來找榮格是為了追求更進一步內在發展的智慧與指引。這並不是說某些人不是有精神官能症，也不需要心理協助，他們只不過並非典型的精神病患罷了。事實上，榮格比較願意輔導那些自我建構和孩童歲月已成過去，以及前半生發展已經完成的人士。如今是追求個體化過程第二個偉大階探的訪談，就無法窺知？或許他意識的發展已經遠超過我許久以前認識他時的狀態，但是我卻看不出來。榮格反對把心理發展軌跡等同於生理軌跡的概念，後者隨著年華老去，大體上只有衰頹的份。是否有比生理衰退更重要，而又表現出不同模式的心理補償作用呢？

意識的五個階段

為了處理這個後半生意識發展的問題，我們可以運用某些通用的測量尺度。榮格描述的意識發展五階段，我將在此加以摘要演繹。我們可以用這些度量來測度和評估孩童與成人晚年的意識發展。

第一個階段被定性為「幽冥參與」(participation mystique)，這個名詞是從法國人類學家李維-布魯爾（Lévy-Bruhl）那裡借用來的。**幽冥參與指的是個人意識與周遭環境之間的一種認同，沒有察覺到個人是處在這樣的狀態中；意識與個人認同的對象神秘的合而為一**。當事人既缺乏對自身與其知覺之間差異的覺察，對自身與所關注對象的差異也渾然不覺。就某種程度而言，人們一生當中皆停留在這種幽冥參與的狀態。例如，許多人以這種方式認同他們的車子。他們對他們的車子會有種種自我情感的體驗。當車子有了問題，車主便會覺得不舒服、感冒或胃痛。**我們無意識的與周遭的世界結合成一體。這便是榮格所謂的幽冥參與。**

大多數的人至少在生命初期，會以幽冥參與的方式，與他們的家庭連結在一起；而此一幽冥參與的方式則是建立在認同、內射與投射的基礎上。這幾個詞彙所描述的是同一件事，也就是內外事物的交互融合。嬰兒最初真的無法分辨何處是他／她的界限，何處是母親的範疇。嬰兒的世界是高度統合的。就這個意義而言，第一個意識的階段預示了最後的階段，也就是終極的把部分整合成全體。不過，最初的全體只是無意識的，而最後的全體感則是有意識的。

在第二個意識階段，投射變得比較區位化。在第一階段非有即無（hit-or-miss）的投射之後，某些自他的區別開始出現在意識中。嬰兒開始覺察到它自己身體與外界物體碰撞的特定地方，並且開始對事物注意，認識到本我與他者的不同，以及周遭世界中事物之間的差異。這種自我與他者及內在與外在間的分殊，漸漸的增加和尖銳化。當良好的主客體分化存在時，當本我與他者有所區別且明顯的不同時，投射與幽冥參與的現象便改變了。這並不是說投射的現象沒了，它只是變得比較區域化，集中在少數幾個對象，而非完整廣闊的世界上罷了。此時，世界上的某些事物比起其他事物要來得更重要和有趣些，因為它們是被投射的對象，而且是里比多的（libidinal）投資接收者。

母親、喜歡的玩具、明亮耀眼的移動事物、寵物、父親和其他人，變得很特別、突出且與眾不同。所以，隨著意識的發展，產生了分殊作用，投射則固定在特定的對象上。由於投射的對象是未知的，所以在人的一生當中，世界提供許多機會持續這個投射的過程。

父母是早期的主要投射對象，孩子們無意識的把全能與全知投射到他們身上。這些現象是榮格所謂的原型投射。父母變成諸神，凝聚了人們歸於神聖的力量。「爹地什麼事都能做！他是全世界最有力量的人！」「母親知道每件事，而且能夠製造奇蹟。她也無條件的愛著我！」人們通常是在青少年時期震驚的發現，父母並非知道每件事情，也絕非神一般的人物，而且過了一段時間以後，父母變成什麼都不知道了（這是另一種投射）。我們也會對兄弟姐妹們投射，這根源於兄弟間的鬩牆，以及家族中某種既競爭又邪惡的動力。老師與學校本身也會接收到許多投射。事實上，在我們意識的第二階段中，周遭環境的許多人物都變成我們投射的對象。這使得人們和機構具有塑造我們意識的強大力量，以它們的知識和意見塡滿意識，並逐漸以集體的意見、觀點和價值取代個人自己的經驗。這是發生在孩童期與青少年期的社會化與調適過程。

戀愛與結婚是基於大量阿尼瑪與阿尼姆斯投射的典型現象，這會直接導致孕育與養育小孩的過程，在這期間孩子成為神聖孩童投射的接收者。和第一階段相似的是，第二階段也沒有人能夠完全置之不理。只要能被迷戀，能感覺到冒險與浪漫氣息的波瀾，能為強有力的信念傾注一切，那麼個人就是不斷把投射注入到世界的實物上去。對許多人而言，意識的發展便到此為止。這類型的個人繼續把心靈正負面的特色，大量投射到周遭的世界上去，並對心靈的意象與能量反應，彷彿它們是在外界事物與人們的身上一樣。

假如意識發展確實持續下去——當新階段的認知發展，使個人能相對不受具象認識牽制，而達到某種抽象的程度時，這樣的發展便告開始——那麼個人便會察覺，某些特定的投射對象與它們所乘載的投射並不相同。原本承載投射的人可以從投射背後走出來，結果他們的理想色彩往往便被去除。在這個階段，世界令人迷戀的膚淺性質喪失大半。被投射的心靈內容變抽象了，它們現在以象徵和意識形態的形式顯現。雖然全知與全能不再被賦予給人類，但是這樣的特質卻被投射到像是神、命運與真理等抽象的實體上去。哲學與神學成為可能。至高無上的價值吸取了原先歸諸父母和老師的神秘力量。律法、啟示或教義變成與原型的投射積聚在一起，而具體的日常世界變得比較不受投射的影響，可以被當作是中立的對象來互動。一旦能達到這個意識階段，個人便比較不會恐懼邪惡的敵人與力量。我們不需要恐懼人類敵人的報復，因為一切都在神的控制中。或者有人相信，我們可以理性的操控世界，因為世界遵循著自然律，不受精靈魔鬼的控制；它們可能不喜歡高速公路蓋在這裡，或住宅蓋在那裡。個人似乎不會一直向內在的自己進逼，那麼直接的去感受他對客體所做所為造成的痛苦。

當自我與客體的二分達到此一程度時，對人世疾苦與自然世界毀滅的同理心自發反應，便會相當程度的下降。對很多人而言，這似乎不是一種意識的進步，反而是退步。但是我們要體認到，早期發展階段因同理心而表現出來的情緒反應，大體上是奠基於投射，而與發生在事物身上的客觀評斷無啥瓜葛。當我們把投射從世界中的具體事物身上除去後，有遠見的政治領袖與有魅力的官方意識形態代言人，便以觀念、價值、或意識形態的形式，創造出種種抽象的事物來，而這些事物則是依他們主觀投射的感知，所陳述的最高價值與至善。基於這些價值，我們可以在比較懵懂的人們喜愛的自然情緒關係上，發展出一套道德的無上命令與「應該的事項」來。人們是以幽冥參與或投射所成的無意識同理心，來規範支配指令責任的。例如，人們依社會生態因素做正確的事，不是出於情感而是責任，不是因為人們對自然世界的毀滅感到痛苦厭惡，而是因為整理垃圾與少燃油料的道德無上律令。

在這個意識的第三階段中——我相信我朋友的父親便在這個階段，因為他是傳統意義下的宗教人——仍有無意識素材的投射。但是這些投射比較不集中在個人和事物上，而是在原則、象徵與教義上。當然，這些投射仍然是以幾近寫實的角度來思考「真實」。神確實真的存在於某處，祂具有獨特的人格等皆是。只要人們相信真有一個神在死後掌管賞罰，這就是意識的第三階段。投射只不過從人類的父母親，轉移到較抽象的神話人物罷了。

第四階段代表的是投射的完全根除，甚至神學與意識形態的抽象形式也不例外。投射的根除便造成了「空虛的中心」，榮格認為這就是現代性的特質。這便是他所謂的「尋找自己靈魂的現代人」。靈魂感——廣泛的生命意義感與目的感、不朽感、神聖根源感，以及「內在之神」的感覺——被功利和實用的價值所取代。「有用嗎？」成為人們關切的主要問題。人類開始把他們自己視為是巨大社會經濟機器中的齒輪，而他們對意義的期盼則淪落到餵飽肚皮的層次。個人耽溺在享樂的時刻以及可控慾望的滿足上。要不然就感到沮喪！眾神不再居住在天堂裡，魔鬼轉變成心理的病癥與大腦的化學失衡。投射到世界的心靈內容被剝落。英雄不再，奸佞也不再——人類變成務實取向。原則只是相對有效，價值則被視為是從文化規範與期望中衍生出來的。一切的文化事物看來都是被製造出來的，不具任何內在的意義。自然與歷史被看成是機率的產物，以及非個人力量的隨機遊戲。在此我們看到現代人的態度與感情基調：世俗化、無神論、或許另有些微的人文主義傾向。現代人的價值似乎被種種保留、條件、「或許」與「不確定」所圍繞著。現代人是抱持相對立場的。

在這個意識的第四階段中，心靈的投射彷彿全然消失了。不過榮格指出，這無疑是一項錯誤的假設。實際上，先前投射到他人、客體與抽象物上去的內容，已經充斥在自我本身。因此，現代人的自我是極端的膨脹，佔據了神聖上帝無所不能的地位。現在自我是好壞投射的接收者，而非律法或教義。自我成為對錯、真偽與美醜的唯一仲裁者。再也沒有超越自我之外的權威。意義必須由自我創造；它無法從別處發現。神不再是「客觀的」存在，它就是我！雖然現代人看起來講理而穩重，實際上他是瘋狂的！不過這是一種隱晦不彰的秘密，甚至連當事人本身也被蒙在鼓裡。

榮格認為這個第四階段是極端危險的情狀，原因很明顯，因為一個膨脹的自我是無法好好適應環境的，也因此容易在判斷上犯下災難性的錯誤。雖然在個人甚或文化的意義上，這都是一種意識的進步，但卻是危險的，因為它有可能變成自大狂。沒有什麼事是不能做的！假如我要做某件事，並揣測可以順利得手，那就必然沒有問題。自我對於陰影的誘惑勸說完全無法免疫，很容易就會沉溺在陰影對權力的貪慾，以及想要完全掌控世界的願望中。這是尼采的「超人」，而且這樣的傲慢也在二十世紀許多社會政治的災難中反映出來。今天我們親睹殺害老太太只為知道那感覺如何的人，這樣的景況在杜斯妥也夫斯基的《罪與罰》男主角拉斯科尼可夫（Raskolnikov）身上已然預見。第四階段的人們已經不再受到社會上人與價值相關傳統的控制。因此自我可以具有無限的行動可能。雖然這並不表示所有的現代人都沾染了這樣的社會病態，但是朝此趨向發展的大門卻已敞開。最糟糕的或許是那些看起來最講理的人——那些認為可以為所有政策與道德問題計較出答案來的「上駟之材」。

榮格開玩笑的說，我們在街上會遇到各個發展階段的人——(舊石器時代的)尼安德塔人(Neanderthals)、中古時代的人、現代人，以及身處所有可想像得到的意識發展階段者。生長在二十世紀，並不表示個人的意識發展，就自動到達現代性的位階。並不是所有的人都到達第四階段。事實上，許多人無法承受它的要求。有人則認為它是邪惡的。世界上各類基本教義派的主張，皆執著於第二和第三階段，因為他們恐懼第四階段的腐蝕性效應，以及應運而生的絕望與空虛。當投射被去除到這樣的程度，而個人把責任視為是他自己的命運時，確實是一種相當高的心理成就。不過陷阱是，心靈在自我的陰影下變得隱晦不彰。

意識發展的前四個階段，與自我發展和生命的前半段有關。榮格認為，凡是能夠成就自我批判與自省等第四階段特質，而又不落入自大狂膨脹窠臼的人，在意識的發展方面可說是成就非凡，而且演化的程度很高。不過，榮格把後半生的進一步發展保留給第五個階段，亦即後現代的階段，它與意識和無意識的重新整合有關。在這個階段，個人對於自我的限制有清楚的認識，對無意識的力量有所覺察；同時，透過榮格所謂的超越功能與統合象徵，也有可能達成意識與無意識間某種形式的統合。雖然心靈變得統合，但與第一階段不同的是，（相對於全體的）部分依然保持分殊狀態，並涵容在意識之中。與第四階段不同的是，自我並不等同於原型：原型意象仍然是（自我的）「他者」，它們並未潛伏在自我的陰影中。它們現在被視為是「在裡面那兒」（in there），而不是像在第三階段中，它們被視為是「客觀」（out there）而具體的存在於形上空間的某處；它們同時也沒有被投射到任何外在事物的身上。

「後現代」是我的用語，而非榮格的。形容他意識第五階段的「後現代」，並不是藝術和文學批評領域的用詞意義，而是指一個超越「現代」的階段。它所超越的是那經歷一切，卻不相信心靈真實的現代自我。現代的立場就是「凡事不過如此」的態度。它確信投射已被消除，而且它們只不過是一堆虛無的煙霧和鏡花水月的東西罷了。後現代的態度則認識到，投射具有心靈的真實，只是並非具體或物質意義下的真實罷了。假如我們聽到林中有許多聲響，也許那裡真的有些東西。雖然不盡然是我們想到的事物，但畢竟也是真實的東西。我們能觀察得到它嗎？能直覺到它嗎？能想像得到它嗎？於是心靈本身成為檢視反思的對象。如何在我們的觀察中掌握住它呢？當我們掌握住它時，要如何與它連繫呢？這些都是後現代階段的議題與問題。因此，榮格在《心理類型》（他稱之為「批判心理學」）中，試圖建構一套適當的知識論，便是為心靈本位研究奠定基礎的努力。榮格的積極想像以及夢的解析等技術，使它們得以與心靈直接互動，並與心靈形成一種清明覺察的關係。這樣一來，他便能鍛鍊工具，有意識的以後現代方式與生命連繫，並對原始傳統民族神話和神學中發現的內容，嬰兒與孩童投射到他們父母、玩具與遊戲中的內容，以及極度瘋狂的精神病患在幻覺與靈視中所見到的內容，都採取一種尊敬的立場。這些是我們共有的經驗內容，它們構成我們心靈中最深刻、最原始的層級，也就是集體無意識。接近原型意象，並且以有意識、有創意的方式和它們連繫，乃是個體化的核心部分，也構成意識第五階段的工作。這個意識階段產生個體化過程的另一個運動。自我與無意識通過象徵而連結起來。

雖然榮格在好幾個地方指出，他曾構思進一步的意識發展階段，但是他的官方版說法只停留在第五階段。他著作中的某些說法可以被視為是第六階段，甚或第七階段。例如，榮格在他一九三二年舉行的「軍荼利瑜伽研討會」中，便清楚的承認，東方成就的意識狀態，遠超過西方所知的一切。雖然他對西方人在可見未來達到類似意識階段的前景，抱持懷疑態度，但是他確實在理論的層次上，承認有這麼做的可能，甚至描述這些階段擁有的若干特色。軍荼利瑜伽所顯現的意識類型可以被視為是第七階段。往後退一點，有一種西方人比較容易接觸到的意識類型，它介於第五階段與推定的第七階段之間。後來當榮格在同時性理論的脈絡中，探討原型的結構與功能時，他認為或許這些顯然的內在結構，是與非心靈世界的存有結構相對應的。詳情我將在第九章討論，不過在此我們至少可以說，可能的意識第六階段，將會是把心靈與世界間更廣泛生態關係考慮進去的狀態。對基本上受制於唯物主義態度的西方人而言，這是一個可能的發展選擇。因此，第六階段可以被視為是認識到心靈與物質世界統合的意識狀態。不過，榮格在探索這些領域時動作十分謹愼小心，因為他在此很清楚的從西方所知的心理學，進入了物理學、宇宙學與形上學等，這些榮格並不覺得自己有資格發言或擅長的知識領域中。然而，他的思路卻引領他一步步的朝向這個方向，而且我們必須承認，他有勇氣遵循他的直覺而行。他與當代物理學家如沃夫根・波里（Wolfgang Pauli）（榮格曾與他共同出版一本書）的交談，便是企圖在心靈與物理世界之間，找出某種相關和對應關係的努力。

上面所描述的意識發展第五階段，榮格在〈麥丘里斯神靈〉（The Spirit Mercurius）一文中的兩段曾簡短的提到。我在本書中引用了他著作中其他幾個資料加以擴充。個體化的主題在他一九一〇年以後的著作中便不斷出現。這是自他對心靈結構與動力的研究以來，便逐步深化的恆常關懷。在他晚期的論文〈良知的心理學觀點〉中，這個主題仍然縈繞在他心頭；這篇論文是在他八十六歲，約莫去世前三年一九五八年出版的。他所寫的論文幾乎都與個體化有若干關聯。但是，論述這個主題的有兩篇經典之作，我將在本章剩餘的篇幅中，把焦點放在它們上面。這兩篇論文是〈意識、無意識與個體化〉，以及〈個體化過程的研究〉。在〈意識、無意識與個體化〉的論文中，榮格對個體化過程的意義提出簡潔的摘要。他開宗明義的說，它是人們成為心理上獨立個人的過程，換言之，就是一個獨立不可分割的意識體，或突出的全體。我已在前面解釋了此一過程的若干隱含意義，把它視為是先統合自我意識，再統合意識與無意識這整個心靈系統，以便達成榮格終極稱為全體的過程。全體是描述個體化過程目標的詞彙，它也是本我原型心理生活中的表述。

榮格指出，進入無意識之路最初是通過情緒與感情。活躍的情結以情感干擾自我的方式來表現自己。這是無意識的補償作用，它並提供了成長的潛能。他繼續說，最終這些情感的干擾，可以在本能中追溯到它的原初根源，但是它們也可以導向預知未來的意象去。榮格假定的是一個終極的觀點，一個朝向目標的運動。為了接近全體，意識與無意識的系統必須被帶入一個彼此互動的關係中，榮格說，「**心靈包含兩個不調和的部分，兩者合在一起便形成全體。**」於是他提出一個人們可用來整合兩個分立心靈部分的實用方法。

他在此訴說的對象，是我前面所說「身處第四階段，相信自我意識及一般真實的西方人。北方氣候的種種真實是如此令人置信，以致當我們沒有忘記它們時，我們就覺得很好。因此，我們**歐洲人的自我意識傾向於吞噬掉無意識**，如果這樣做不可能，我們便會試圖壓抑它。**但是如果我們對無意識有一點了解，我們就會知道它是不能被吞噬的。我們也知道，壓抑它是危險的，因為無意識是生命本身，假如我們壓抑生命，它就會反制我們，精神官能症便是例證。**」精神官能症是因為增益偏執傾向的內在衝突而產生；無意識被壓抑，結果個人以落入能量停滯困境的下場告終。當能量被用在這麼窄小的活動範圍內，以及保護對抗封閉的無意識時，生命追求全體的許多可能性與滿足便被否定了。個人往往變得極端孤立，生命變得貧瘠，甚或停滯。「**當意識與無意識有一方被壓抑，並被對方傷害時，它們便無法形構全體。**」假如彼此間必須競爭，至少要讓這場爭鬥對雙方都公平。兩者都是生命的面向。意識應該為它的理性辯護並保護自己，無意識的渾沌生命也應該儘可能給予走它自己道路的機會，只要我們能夠承受得住。這意味開放的衝突與開放的合作同時並存。人類的生活顯然理應如此。這是鐵鎚與鐵砧的古老遊戲，病患這塊砧板在兩者之間被鍛鍊成不可毀滅的全體，亦即「不可分割的個人」(individual)。

在鐵鎚與鐵砧之間鍛鍊出不可毀滅的全體！這個鮮活的意象說明了榮格所了解的個體化過程本質。它基本上不是一個輔育和成長的靜態過程，而是各種對立間充滿活力的衝突。例如，當人們面對人格面具與陰影或自我與阿尼瑪之間的衝突時，他所得親與故土。她想要與她人格中無意識的女性面接觸。

實際上，接下來的歲月裡，許多這類的女性持續來找榮格醫治。這位病患與今日許多一心追求事業，把受教育看得比結婚生子還重要的女性相似，她們的事業心重到連懷孕都退卻成了海市蜃樓。然而在一九二八年這樣的女性實非尋常。

這位病患開始作畫繪圖。她不是一位受過訓練的藝術家，這使得分析比較容易，因為這樣無意識可以比較直接自發的表現自己。這位病患說到，她的眼睛要她這樣，而她的頭腦卻要她那樣，而她依雙眼的意思而動，證明新浮現的意識中心擁有它自己的意志。它要這樣，不是那樣，而她便讓它如是發生。「讓它發生」（*Geschenlassen*）是掌握無意識運作的方式。榮格並未積極的詮釋她畫作的心理意義，而是鼓勵這位女性隨順無意識的意願「讓它發生」。除了畫作的表面內容之外，他對圖畫想要訴說的意義往往一無所知。他只是鼓勵她與之和諧相處。故事會漸漸展現出來，並有所發展，在適當時機顯現出它的目的。

第一圖顯示的是病患最初的情境（本章節以下圖案請參照《榮格全集》第九冊第二九二頁以後的插圖），它描繪患者在心理發展上受困的情況。一位女性的身體嵌陷在岩石中，並明顯的想要從中掙脫。這是他開始分析時的病患狀況。第二圖顯示的是閃電擊中岩石，把一片圓石從其他石片中分離出來。這圓石代表的是該女性的核心（自

我）。榮格評論說，這個圖案代表的是本我從無意識中解脫出來，「閃電從岩石中把這個塊球體狀的東西解放出來，所以導致某種自由。」病患則把閃電與她的心理分析師聯想在一起。這個移情作用已經開始對她的人格產生深遠的影響。在這個戲劇化過程中，榮格由閃電代表；這閃電也就是她自己人格中激盪孕育的男性質素。榮格注意到這個意象中帶有性的弦外之音。

榮格在後文中說他自己是該病患較差的直觀功能的投射對象。他解釋說：「『較差的』功能……〔具有〕釋放或『救贖的』功能意義。我們從經驗中得知，較差的功能總是會補償、補充和平衡『優越的』功能。就這方面而言，我的心靈特質使我成為合適的投射對象。」因為是她投射的對象，榮格的言行便對該病患的意識具有補償作用，而且其力量與效應被極端誇大。她會把他視為是無所不知的直觀天才。這是強烈的移情作用對病患所產生的典型影響。因此是榮格的直觀像閃電一樣擊中了該名病患，並對她產生如此深遠的影響。因為它也是該病患較差的功能，所以「它像閃電一般，在毫無預期的情況下撞擊意識，偶爾還造成破壞性的後果。它把自我推到一旁，騰出空間來容納個人全體這個超越的質素。」

因此，這個圖案代表的是被推到一旁的自我，而且本我首度露臉。被打碎的岩石代表的不是自我而是本我。閃電釋放出她追求全體的潛能；這潛能到目前為止仍被閉鎖在意識的桎梏中。「這個本我一直存在，只是沉睡未醒罷了。」這為女士傑出的自我發展使她忽略了本我，她困在人格面具的調適，以及父親情結與阿尼姆斯的認同中，這些就是她繪畫中的「岩石」。她需要從這些認同中解脫來。與個體化過程核心的本我接觸，並結合得更緊密，其可能性必須從無意識中釋放出來，而在這個案例中，它的發生靠的是治療性的閃電行動。基於充分的理由，榮格認為移情作用對治療的成功具有關鍵作用。

在論及這一系列圖案中關鍵的第三圖之前，榮格順便說到，「第三圖……帶出的主題毫無疑問的指向煉金術，而且實際上賦予我徹底研究這些老術士作品的堅定動機。」從榮格往後花費生命大半時光，長期深入研究煉金術的事實看來，這是一項非常了不起的表述。第三圖描繪的是「誕生的時刻——不是做夢者，而是本我。」這是深藍球體飄浮在空中的影像，一個「誕生中的星球」。這是病患稱作「真正人格」的呈現，在製作這幅圖畫時，她感覺自己已經達到生命的巔峰，一種大解脫的時刻。榮格把這點與本我的誕生連繫起來，並且指出，當「解脫成為融入意識的事實時」，病患意識到了本我。

在第四圖中，球體發生了重大的變化。分殊的現場發生了：它分裂成「外部的薄膜與內部的核心。」先前圖案中飄浮在球體上的蛇，現在穿透了球體並使它懷孕。第四圖所處理的是旺盛生殖力的主題，它或多或少使用到明顯的性意象。她把自己的男性認同放在一邊，並且敞開自己，朝向新的生命可能。當病患與榮格詮釋這幅圖案時，非人格的意義也在其中──自我必須要體驗「割捨」，以便擴大視野把全體人格中的正負面都含括在內（陰影的整合）。蛇與球體的統合，代表的是病患心靈中對立面的統一。在此很容易做出性移情作用的具象詮釋，榮格刻意避免，因為這樣會導致性的化約主義，不利於個體化過程的進展。病患在此所經歷的痛苦，正是割捨掉個人取向的詮釋──她對榮格這個男人的性慾望；她了解到並非迷戀與自己心理互動相當密切的分析師，而是個體化過程中的某個原型層次被啟動了，其運作超越他倆個人的關係。它是通過這個意象所浮現的本我運作。

現在這個圖案系列在陰影與善惡整合的問題上，開始進行相當深刻與細膩的探討。第五圖中邪惡被拒絕，蛇被放置在球體之外。第六圖顯示出結合內外種種對立的嘗試，是朝向意識了解的運動。第七圖指出某種沮喪，以及某種隨之而來更進步的意識。非常重要的第八圖，說明的是朝向大地、母親與女性力量的運動。這便是這位女士到歐洲來的原因；她試圖要踏實的與她存有中的女性面接觸。第九圖再次顯現出她在結合善惡對立上的掙扎。第十圖對立得到平衡，但是癌症的意象首度出現。（事實上，這位女士十六年後死於癌症。）第十一圖說明，外在世界漸增的重要性開始遮蔽曼陀羅的價值。從此開始曼陀羅的主題以不同的變型重複出現，每一次都試圖進行更進一步的整合與本我表達。這個圖案系列最初到了第十九圖便結束，但是該位女士在治療後又持續繪製了十年之久，因此最後到達第二十四圖才結束，這幅圖案的內容是一朵漂亮的黃心白蓮意象，蓮花被放置在金色的圓弧內，背景則是深黑色。一座金星端坐在蓮花之上。蓮花本身以綠葉為床，葉下則是兩尾金蛇。這是本我非常亮麗可人的意象，不僅展現出來，而且是完全的實現。雖然榮格拒絕評論第十九圖以後的圖案，但是它們本身卻透露出本我的發現與體驗，在分析期間與分析之後，得以進一步深化與落實的消息。

榮格對這個案例的結論是，這位女士在她自己分析的期間是處於強烈個體化過程的初期階段。當榮格在分析過程中見過她後，她永難忘懷的體驗到本我浮現進入意識的景況，在接下來的幾週和幾個月中，她掙扎著去統合心靈母體中的對立面。她終能去除掉對阿尼姆斯的認同，並與她自己的女性核心結合。此時自我被相對化成為本我外的一個相對因素，而她也能夠經驗到非個人的原型心靈。這些都是他稱為後半生個體化過程的典型特色。

本我的運動

接下來是個體化主題的最後論述。榮格對本我的既有結構，也有動力角度的觀點。在前一章中，我把焦點大多放在結構的特色上。但是當我們思考個體化的過程時，值得關注的卻是它的動力特質。**榮格把本我視為人生旅途中持續經歷的轉化過程。從出生到年老的發展序列中出現的每一個原型意象——神聖嬰兒、男孩與女孩、英雄、國王與王后、乾癟老太婆與智慧老人——都是這原型意象的各個面向與表現。**在發展的過程中，本我衝擊心靈，並在個人的所有層次造成改變，包括生理的、心理的與靈性的層次。**個體化的過程是由本我驅策，透過補償的機制實現。雖然自我並未造成它或控制它，它也有可能因覺察到這個過程而參與其中。**

榮格在晚期的著作《基督教時代》中，提出一個圖案來說明本我的動態運作。這個圖案看起來像是一種碳原子的結構（圖七，參見下頁）。

這代表的是本我實體在個人心理生活連續體脈絡中轉化的公式。在這個圖案中，榮格嘗試要描繪的是，本我從純粹潛能發展到全然實現的運動；「我們的公式所要描繪的過程把原本無意識的全體，轉變成能被意識覺察的狀態。」因為它所描述的是同一實體轉化的連續過程，所以它既是一個轉化重生的過程，也是朝向意識發展的過程。

這個運動從代表心靈光譜中原型精神一端的四方位體A開始。在此它以理想的意象現形。當它從四方位體A依序循環通過四方位體B、C、D，然後再回到A重複前述過程時，一個原型意象的心靈內容在光譜的原型彼端進入心靈系統，而整合的過程也在其他的三個層次尾隨到來。首先，意象通過原型四方位體的四個點輪替流動，然後觀念會變得比較明晰。接著觀念移轉到B的層次，藉由類似原子中轉移能量層級的方式，通過小b的門徑進入。這是到另一意識層次的移轉。現在觀念存在於陰影的層次，在此它進入客體投射陰影的真實與日常生活中。觀念取得實體性，而且統一、全部與整體的觀念至此必須在生活中活現出來。觀念透過這個心靈層級發揮它的作用，它現在必須具體的在時空中實現，而這就導致侷限與問題。榮格說人類的行為都可以正負兩面看待，而當我們從思想移向行動時，我們便進入了一個陰影潛能的世界。每一個行動都會引來反應。它具有外部衝擊的效應，因此當某人確實開始特立獨行，所做的改變開始遭致他人的抱怨時，這個人便是在陰影的四方位體之內活動。觀念開始具體化，在真實生活的行為中產生效應，並且下達本能的層級。原型與本能在這個層級變成連結在一起，而且當觀念移動進入「陰影四方位體」時，它便會呈現越來越多的本能與具體屬性。

當觀念潛降進入C的層次時，它到達了物理的層級；這是身體物質基底中極端的深層，身體本身開始有了變化。先有意象再進入心靈的組織原則變成了行為，然後觸及並匯聚本能，現在開始影響身體，使得分子都為之重組。這個深層的物理層級超越心靈中的類靈障礙。這是演化本身背後的一項動力。結構是跟隨形式而來的。

到了D的層次，就到達了能量自身的層級。這裡是能量結晶成物質的源頭，它是能量的次分子與次原子層級，塑造能量的形式也源出於此。觸碰到這個層級確實便意味著深刻的改變，也就是能量本身及其組織的改變。

> 此公式代表的是本我的一個象徵，因為本我並不只是一種靜態的量或不變的形式，而且也是一個動態的過程。同樣的，原始人認為神在人身不只是一種無生命和刻板印象的標記而已，而且是一種動態的力量……四種轉化代表的彷彿是本我內再生或青春再現的發生過程，與太陽中碳氮的循環類似；當一份碳原子核捕捉到四份質子……在循環結束時以阿爾發（alpha）粒子的形式釋

出它們。碳原子本身在完成反應過程後維持不變，「像是灰燼中出來的鳳凰一般」。存在——原子及其成份的存在——的秘密可能便存在於不斷重複的新生過程中，而在試圖說明原型的神秘現象時，我們也可能出現類似的結論。

——《榮格全集》第九冊

預告下一章的內容，我們可以把本我想成是一個浮現在人類身上的宇宙實體，透過心靈的輪替流動不斷的更新它自己。或許它依賴人類個體才能覺察到它自己，才能在三度的時空世界中擁有形體，也才能使自己回春，延長它的存在。它存在於超越心靈的宇宙中。它運用我們的心靈與包括我們身體在內的物質世界，來達到它的目的，在我們年老死去後它依然延續長存。我們提供了一個它可以浮現安住的家園，然而由於我們的驕傲與自我膨脹，我們對成就它天份與美麗的功勞，卻過度的沾沾自喜。

9 JUNG'S MAP OF THE SOUL

時間與永恆／同時性

Of Time and Eternity
Synchronicity

同時性是從本我理論到宇宙論的延伸，它所論及的是所有存在物之間深刻隱密的秩序與統一。

原型是具有「超越性的」，它們並不侷限於心理的領域。就它們的超越性而言，它們可以從心靈母體內部、我們的外在世界，甚或同時從兩方面，跨越進入意識。當兩者同時發生時，便稱為同時性的現象。

自從榮格試圖探索人類靈魂，並描繪它的形狀與疆界之初，他便為發生在心靈邊界的現象所吸引。這是他的性情使然，他喜愛突破已知事物的侷限。他研究年輕靈媒表妹普里斯沃（Helen Preiswerk）通靈時的恍惚狀態，以及提出亡魂顯靈精妙解釋的論文，是他最早的重要著作。這是正常與超常意識狀態之間關係的心理學研究。接下來在字詞聯想與情結理論的著作，則是研究心靈中意識與無意識部分之間的疆界。榮格在更進一步推向無意識領域後，發現了另一個邊陲領域。這個領域介於個人與非個人的無意識內容之間，以及情結與原型意象及本能混合的領域之間。在接下來對本我的研究中，他發現了一個介於心靈與非心靈之間的轉接點。由於原型本身是類似心靈的，並不完全受到心靈的疆界所限，所以它既是內外世界的橋樑，也打破了主客的二分。

最後，這份對心靈疆界的好奇心，促使榮格提出一個理論，試圖解說包含心物二元的單一系統，以及在時間與永恆之間搭起橋樑。這就是「同時性」的理論。**同時性是從本我理論到宇宙論的延伸，它所論及的是所有存在物之間深刻隱密的秩序與統一**。這個理論同時也揭露了榮格形上學家的一面，這個身份他常常加以否認。

榮格有關同時性的極少數作品，探索的是表面隨機事件背後的有意義秩序。他注意到——就如同其他許多人也注意到一樣——心靈意象與客觀事件有時會以確切的模式排列，這樣的排列是偶然機率的發生，而不是由於先前事件的因果鏈所造成。換言之，並沒有因果理由可以說明此一模式的出現。它純粹是機率因素造成。所以問題來了，這種因緣際會所成模式的事件，是全然隨機的，還是有意義的呢？占卜便是遵循這個想法，某些機率事件是有意義的。飛鳥頭上過，占卜者便告訴國王征戰的時機是恰當的。或有中國古代更為複雜的神諭預言，稱為《易經》。這個神諭藉由投擲錢幣或歐蓍草（yarrow）莖，來決定與六十四爻卦之一有關的數字模式而得。藉參研卦象，人們可以確知當下和未來將發生成形事件的意義。人們可以從中諮詢。這種神諭便是基於同時性的原則。它的假設是，在錢幣投擲、占卜者關切的問題，以及外在世界發生事件的背後，存在著有意義的秩序。求助於《易經》的人往往對它的神秘準確性感到驚訝。我們要如何來解釋這些非已知原因所造成的有意義安排與模式呢？

更接近榮格分析方式與心理學理論的，是一個十分吸引他注意的現象，也就是心理補償作用不只發生在夢中，也發生在非心理控制的事件中。有時補償作用會從外在世界而來。榮格的一位病患夢見一隻金色的甲蟲。在榮格的研究中提到，當他們正在討論這個夢中象徵時，他們聽到窗戶上發出聲音，並且發現是一隻瑞士當地的金色甲虫試圖要飛進房間。從這類的例子我們可以推論，夢中原型意象的出現可能與其他事件巧合發生。補償的現象跨越了一般接受的主客界限，而在客觀世界顯現。再次強調的是，榮格的謎是如何在他的理論中來解釋這個現象。嚴格講這類事件並非心理事件，但卻與心理生活有非常深刻的關聯。他結論說，**原型是具有「超越性的」，它們並不侷限於心理的領域。就它們的超越性而言，它們可以從心靈母體內部、我們的外在世界，甚或同時從兩方面，跨越進入意識。當兩者同時發生時，便稱為同時性的現象。**

雖然有關「軸心世界」（即統一的宇宙）與同時性概念（不盡然是相同的名詞）的參考解說，散見《榮格全集》各處，以及其他像信件一類比較不正式的寫作中，但是榮格直到他相當晚年時，才對這個主題充分表達他的思想。一九五二年他與諾貝爾物理學獎得主沃夫根·波里（Wplfgang Pauli）聯合出版了《自然與心靈的詮釋》（*Naturerklarung und Psche*）一書，目的在嘗試說明自然與心靈之間可能的關係。榮格與一位諾貝爾獎得主的科學家，而非一位哲學家、神學家或神話學家合著該書，頗具意義。在榮格所有的理論著作中，這本論述同時性的著作最容易遭致嚴重的扭曲。榮格想要避免被人看成是一個神秘家或怪人，對於在現代科學的公眾眼前，揭露他這部分的思想，他顯然特別感到憂慮。波里的論文〈原型觀念對克卜勒科學理論表達的影響〉(The Influence of Archetypal Ideas on the Expression of Scientific Theories of Kepler)，研究的是克卜勒科學思想中的原型模式，而且就某種意義而言，該文替榮格在〈同時性：非因果關係原理〉的論文中，已為其更具冒險性的貢獻預為鋪路。這篇論述同時性的文章為榮格的心理學理論又添加了一個概念——**心靈與世界之間存在著高度的連續性，以致心靈意象**（也包括抽象科學思想的精髓，如克卜勒等）也**可能在人類意識的反映鏡像中，顯露有關真實的道理。心靈不只是在人類身上展現自己，或孤立於宇宙之外。在某個次元中，心靈與世界彼此密切的互動映射。這便是榮格的中心主旨。**

同時性觀念的發展

在寫信給愛因斯坦傳記的作者，也是瑞士記者的希立格（Carl Seelig）時，榮格第一次提到同時性的問題：

> 愛因斯坦教授曾數度成為我晚餐的座上賓……當時是愛因斯坦發展他相對論

> 理論的最初期。他試圖把它的精要抽出來告訴我們，基本上這項努力是成功的。身為心理學家的我們不是數學家，要理解他的論證有困難。即便如此，我的理解仍然足以讓我對他留下深刻的印象。身為一位思想家，他讓我印象最深刻，以及對我的研究工作所產生最深遠的影響，卻是他天才的素樸與直接。是愛因斯坦首先讓我開始思考可能的時空相對性，以及它們的心靈條件。這個刺激造就了三十幾年後我與物理學家波里教授的關係，以及我的心靈同時性論題。
>
> ——《榮格書信集》第二冊

儘管榮格未能完全了解愛因斯坦相對論的細節，以及他的數學證明，但是它必定激發了榮格的想像。同時值得注意的是，著名的物理學家在他這項理論化過程的初期與結論階段都參與其中。這段與現代物理學的關聯，正賦予了榮格同時性理論產生的歷史脈絡。

榮格與現代物理學諸巨擘的關係，是一個尚未完全為外界知悉的故事。除了愛因斯坦與波里之外，二十世紀前半住在蘇黎士，並於一九三〇年代在榮格擔任教職的工技大學（Polytechnic University）任教的著名現代物理學家還有許多。蘇黎士是本世紀前半現代物理學名符其實的溫床，要忽略這些知識分子所創造的刺激酵素，幾乎是不可能的事。我們確知物理真實的本質當時正被重新思考，而且榮格也早已——正如他在提到愛因斯坦的信中所指出——開始思考現代物理與分析心理學之間的相似性。榮格有關同時性的論文，無疑是在它成熟出版前的三十餘年期間，與這些人無數次討論的結果。

我們必須了解，**原型、本我與同時性的理論結合起來，編織成同一條思想脈絡。這是本書導論中所指榮格的統一視野**。要掌握本我理論全貌，我們必須要把它放在榮格對同時性的思考脈絡中來看待；要掌握同時性的理論，我們也必須要知道他的原型理論。這是少有其他心理學家遵循榮格路線進入原型理論的一個原因。它成為形上學的後設心理學，極少有心理學家會對擁抱這項理論必備的領域——心理學、物理學與形上學——覺得能力所及。這樣的知識廣度，當代思想家敢望其項背者，可謂鳳毛麟角。學術界對於跨越它們學系專長侷限的作為特別羞赧。同時性理論引申出來的榮格本我觀，是把本我視為根本超越意識與心靈全體的一項特質，該理論挑戰了我們一般為區分心理學、物理學、生物學、哲學與靈性所劃的界限。傳統上心理學應該侷限在了解人心內發生的現象，但是依據這個本我與同時性的理論，榮格的分析心理學挑戰了這個獨斷的分割。當榮格有一次被問到本我的終止處及其界限時，他的標準答案應該是，它沒有終止處，也沒有界限。要了解他這段談話的意義，我們必須知道他在此所考慮的，乃是同時性對本我理論隱含的意義。

榮格對清楚說明同時性隱含範疇一事，自然抱持模稜兩可的態度。身為謹慎保守的瑞士人，榮格基本上試圖把他的理論，建築在純粹心理學的論證上，也就是他無可爭議的專業領域上。然而同時性的理論卻使他跛足。在此心靈本身不足以支持他。不過到了七十五歲時，他必定覺得已經有權放縱自己一下，可以做出這種宇宙論的猜測。他做好了發表他最狂野概念之一——本我與存有的統一——的準備。這與本我與上帝是一體的說法有不同之處嗎？他冒著聽起來像是先知或怪人的危險提出這樣的立場。

同時性與因果關係

這篇論文本身是艱澀的，而且確實因為一位同僚對已婚伴侶所做統計分析的誤導研究，而伏下重大敗筆。我對這篇作品的評論，將只限定在理論的部分。榮格開始先評論了因果關係與或然率，而且他注意到人類普遍有投射因果關係的傾向。人們幾乎無可避免的會問說，為何某事會發生？我們假定每個事件都是由在它之前發生的某事造成的。這類的因果關係往往是存在的，但是偶爾也可能未必如此。例如在心理學中，因果關係便特別難於確認，因為沒有人確知是什麼原因，造成我們今日所為、所思、所感的樣態。有意識的動機，也有心靈內容與衝動的無意識動機。雖然有許多試圖以因果關係解釋情緒與行為的理論，但是我們的投射，無疑可使我們在心理現象的領域中，找出比實際更多的因果關係來。或者我們可能把事件歸因於錯誤的原因，事後才發現弄錯了。

我們也許會遽下結論說，某人打他太太是因為他在孩提時代被打，或者是因為他常常看到父親打母親。他會有這種行為是因為他童年的經驗，或者是他的父母如此影響了他。他「因循乃父之風」，或者「他的戀母情結」要負責任，我們可能會以心理學的敏銳頗具自信的如是宣說。這在初期也許是不差的評估，但這種化約的分析當然無法窮盡所有可能的原因與意義。例如，還有一個終極的原因，它可以促使人們採取某種行動，以便達成某個目標，或某種程度的適應生命。或許此人試圖攫取權力，掌控他的太太，以便企圖更能掌握自己的未來。心理的因果關係固然可以向後進入歷史追溯，也同樣可以向前進入未來找尋。然則有所謂的機會事件，它們在最佳的時機及最好的地點發生。我們很難解釋為什麼有些人如此幸運，有些人如此倒霉，結果我們常常讚美他們沒做的事，責備他們無法避免的事。投射與臆測的空間幾乎是無限的。

我們以因果關係的語彙思考，是因為我們是人，而不是因為我們身處科學時代。

在每段歷史時期和每個文化裡，人們都是以因果關係在思考，即使他們賦予事件的原因可能有違我們的科學知識。今日我們也許會說某人是個心理瘋狂的怪物，因為他嚴酷的虐待小孩，而中古世紀的的觀點則認為，是魔鬼讓他這麼做的。所給的原因不同，但是思維是一樣的。榮格認為要挑戰因果思考本身，便要挑戰常識的態度。為什麼要這樣做呢？因為有些事件是無法被因果理論涵蓋的。

在質疑因果推理是否究竟時，榮格發覺現代物理是一條通道，因為物理已經發現某些事件或歷程無法以因果解釋，只具有統計的或然性。例如，榮格提到放射性元素的衰退。某幾個特定的鐳原子為何會解體，就無法以因果關係來解釋。放射性元素的衰退可以統計數字預測和度量，而且衰退率也一直保持穩定，但是卻無法解釋它會在何時發生，以及為何如此發生。它就這樣發生了。它是「本來如此」的事件。這種沒有原因事件的發現，在因果的宇宙中開啟了一條裂縫。不僅科學尚未想出其中的因果關係，而且因果律的規則根本不適用。如果某些事件不是由先前的原因造成的，那麼我們要如何來思考它們的源頭呢？它們為何會發生？怎樣解釋它們的出現呢？這些事件是隨機和純粹偶然的嗎？

榮格知道機率是解釋許多事件的重要因素。但是一系列顯然隨機的事件顯示，有超越或然率規模的模式存在，像數字的流轉以及其他超常的巧合等皆是。賭徒賴以為生和祈禱的便是這些無法解釋的幸運流轉。榮格想要避開高度直觀或神秘的概念，如選擇性連屬說（elective affinities）或感應說等，這些概念是由某些宗教先知和叔本華等靈視哲學家所倡議的。他寧可以科學、實證與理性的方式，來處理這項困難的主題，正如同他在早年的博士論文中，以實證科學的方式來處理靈媒降靈的神秘現象一樣。榮格對以科學途徑了解事象一節非常堅持。

不過，以比較個人傳記式的角度，來解讀榮格的同時性著作，是很誘人的。依據榮格對後半生個體化的觀點，他主張人們（至少西方人）應該嘗試讓他們理性的自我意識，與非理性的集體無意識接觸，而又能同時不犧牲自我的理性立場。榮格也認為，後半生的主要心理任務是形塑世界觀，也就是個人的人生哲學。而這應該包括理性與非理性的質素在內。在這篇有關同時性的論文中，我們可以看見榮格用他理性西方的科學自我，去探索奇幻稀有的世界，也就是發生在集體無意識中無法解釋的現象。他試圖要以概念的形式，塑造一個可以在對立的緊張中把兩個領域結合起來的象徵。雖然榮格在此處理的議題，與那些常常被宗教與哲學觸及的議題類似，但是他試圖把他的科學理性方法與世界觀，塗抹在那些因其神秘、宗教和魔術般本質，而往往被排除在科學討論之外的現象上。榮格基於個人以及我們全體科學文化之故，試圖在西方文化的兩大主流焦點——科學與宗教——之間打造出連貫的鏈條來。他試圖在不偏袒任何一方的情況下維持兩者間的張力。他的同時性理論將會是涵容此一成雙對立面的象徵。這是此篇論文中的個人告白部分。

榮格對萊恩（J. B. Rhine）在杜克大學所做的超感官知覺（ESP）實驗感到興奮。他印象深刻的原因在於，他們運用或然率理論證明，超感官知覺無法以因果關係解釋。這些實驗顯示，人類可以跨越似乎將我們限定在單一時空連續體內的絕對界線。這使榮格想起愛因斯坦的相對論，以及他所觀察得知的那些預言夢，它們能以意象在事件發生當時或之前，便在遙遠的距離感知其存在。萊恩的實驗為榮格已有結論的觀點，提供了新的實證證據；換言之，心靈並不能被時空的界限絕對的限制。以一個絕對封閉的時空連續體為假設的因果關係，並不能解釋這些事件。榮格指出，萊恩的超感官知覺實驗中，並沒有能量的傳遞；所有的只是思想與事件在時間的「巧合」。某張牌在一個房間中被翻開，某個意象便在另一個房間某人的心靈中出現，這種巧合往往不是統計機率所能解釋的。**榮格在這篇論文中首次公開的使用「同時性」的詞彙：「它不可能是因果的問題而是時間中的巧合，也就是某種同時性。因為這種同時發生的特質，所以我選定了同時性這個字，做為與因果關係具有同等解釋效力的假說性質素。」**

同時性與原型理論

一九五四年，也就是同時性論文發表後兩年，榮格發表了他決定性理論論文〈論心靈的本質〉的修正版。他在這篇重要的補充性論文中，把原型理論與同時性原則連繫起來。這篇論文的重要性在於，它把自己思想的兩個部分連結在一起，並且形成一個統合的理論論述。如同周遭世界是人與物的領域一般，無意識也是「客體」（情結與原型意象）的領域；榮格用「客觀心靈」這個詞彙來討論這個觀點。這些內在的客體對意識的侵害，就像外在事物所做的一樣。它們不是自我的一部分，但是卻可以影響自我，而自我則必須與它們發生關係並適應它們。例如，思想在我們身上發生，它們「進入」我們的意識（德文的*Einfall*，字面意義是「進入」意識的事物，但也有「靈感」的意思）。對於榮格而言，靈感與思想是從無意識出現的，並非刻意思維的產物，而是內在的事物，是無意識偶爾落在自我表層的點滴。（榮格有時喜歡把思想比喻成鳥兒：它們來到意識之樹築巢一會兒，然後飛走，被遺忘後消失。）此外，愈是深入客觀的心靈，就變得愈客觀，因為它與自我的主體性愈沒有關聯；「它既是絕對的主體性，也是普遍的真理，因為原則上它可以出現在所有的地方，當然就不能說是帶有個人特質的意識內容。一般人總是把心靈觀念和模糊性、善變性、灰暗性與獨特性聯想在一起，但這只適用於意識，而不適用於絕對的無意識。」與意識不同的是，無意識是規律的、可預測的和集體的。「由於原型這個與無意識一起運作的單元，只能從質而非量的角度來界定，因此它的本質『無法確定的被指稱為心靈的』」。（雙引號部分為榮格所強調）

在前面的章節中我強調原型被認為是類似心靈的，而非純心靈的單元。在這個段落中，榮格明白的說：「雖然我曾因為純粹心理學的思考，而對原型純粹的心靈本質表示懷疑，但是心理學也會依據生理的發現，而被迫修正它『純粹心靈的』假設……心靈與物理連續體的相對或部分等同，在理論上具有重大的意義，因為它針對物理與心靈世界之間，表面上看起來的不可共量性加以連貫，而形成重大的統一，這當然不是以任何具象的方式來進行，而是要在物理方面用數學方程式，在心理方面用實證演繹出來的原型——其內容，如果有的話，無法呈現於心——假說來進行。」換言之，在心靈最深層模式（原型意象），以及物理世界和物理學家研究的明顯過程與模式之間，榮格看到相當大的同一區域。所以，非常諷刺的是，結果第一階段的「幽冥參與」現象——也就是原始的心理學——終究與真實的差距不是那麼的大！榮格認為，凡是原則上能夠變成意識，或受意志影響的內容和知覺，都是心靈的範疇，包括自我意識、情結、原型意象與本能的表徵。但是，原型與本能自身不再是心靈的範疇。它們位於物理世界的連續體上，這個物理世界的深層（誠如現代物理學所探索的），與心靈一樣神秘和具有「靈性」。兩者都消融成純粹的能量。這一點很重要，因為它提出一種心靈與身體及物理世界關聯的想像方式。心靈與物質這兩個領域，可以通過數學的公式，以及「實證演繹出來的原型假說」來連貫。物質與心靈彼此皆毋需從對方演繹出來。它們其實是兩個同時互相關聯連貫的平行真實。

心與物

心與物的關係不斷讓榮格感到興趣。他認為這點非常值得探究，例如單只在數學思想的基礎上，便可以建立經得起自然規律與人類交通考驗的橋樑。數學是純粹的心靈產物，不會在自然世界的任何地方出現，然而人們可以安然的在他們的研究中，推展出將正確預測及掌握物理客體與事件的方程式來。榮格對純粹心靈的產物（數學公式），能夠與物理世界發生如此驚人的關聯性，印象深刻。另一方面，榮格認為原型也為心靈與物理世界提供了直接的聯繫：「只有當它能夠對心靈現象提出最起碼的清晰解釋時，我們才會趨向去假定原型必然具有非心靈的面向。」同時性的現象便提供了這樣結論的基礎，它也與無意識運作者的活動有關，迄今為止被視為或貶抑為『傳心術』等說法。」榮格對把同時性現象與原型的關係歸於因果關係，基本上抱持著謹慎的態度（否則他將倒退回到因果關係的模型中，因為如此一來，原型成為同時性事件的原因。），但是在這個段落中，他的確看起來有把原型和組合同時性的「運作者」等同的意思。

同時性被定義成心靈與物理事件的有意義巧合。飛機從天空墜落的夢，第二天就出現在收音機的報導中。夢與飛機墜落間並沒有已知的因果關係存在。榮格推定這類巧合的基礎，是建立在產生心靈意象及物理事件的組合者之上。兩者幾乎在同時出現，而兩者間的關聯是非因果關係的。在預期可能會有批判者的情況下，榮格寫道：「懷疑主義應該……注意的是不正確的理論，而不是本來存在的事實本身。不具偏見的觀察者不會否認它們。抗拒承認對這類事實的主要原因是，人們對附加在心靈上如『千里眼』的所謂超能力懷有敵意。就我目前所知，有關這些現象分歧與混淆的面向，在心靈層次相對時空連續體的假設上，便完全能夠得到解釋。一旦心靈的內容跨越過意識的門檻，同時性的邊緣現象便告消失，時空再度恢復它們慣有的影響力，意識又再次孤立在它的主體性中。

當心靈在意識層級比較弱如做夢或沉思時運作，同時性現象的出現便比較頻繁。

一旦我們察覺或注意到同時性的事件，時空範疇便恢復它們的影響力。榮格結論說，當萊恩實驗的受測者對該計劃變得有興趣和興奮時，他們必然已經減弱了他們的意識。如果他們試圖運用理性的自我去想出或然率，那麼他們的超感官知覺的數字結果將下降，因為一旦認知功能主導，同時性現象的大門便為之關閉。榮格也指出同時性似乎高度依賴情感作用的呈現，換言之，它對情緒的刺激很敏感。

在榮格的著作中，同時性的狹義與廣義定義都有。狹義的定義是「某種心靈狀態與一種或多種外在事件同時發生，而所發生事件與當時主觀狀態是屬有意義平行關係的現象。」這裡榮格所謂的「同時」，是指事件大約發生在相同的時間架構中，約幾小時或幾天之內，而不是必然是在確定的同一時間。這只不過是兩個事件——心靈的與物理的——「在時間內的巧合」罷了。在心靈這方面，它可能是一個夢的意象、思想或靈感。（心靈與客體世界之間的神秘相關性，是同時性比較狹窄的定義。在這篇論文後面會有比較寬廣的定義。）

誠如以上所提到的，同時性往往在人們心靈處意識比較低弱的時候發生（意識察覺能力比較低，或某種意識微弱的狀態），或意識層級降到今日所謂阿爾發（alpha）的狀態。這也表示無意識比意識更具能量，而且情結與原型被撩起，進入一個比較激動的狀態，能夠推進跨越門檻進入意識。這個心靈物質有可能與心靈外的客觀資料產生對應關係。

絕對的知識

榮格有一項直觀式的跳躍論點，不過這是建立在他相當多確定經驗證據的基礎上而有的跳躍，他認為，無意識擁有他稱為先驗的知識：「**為什麼時空遙遠的事件，在其所需能量傳遞不具足的情況下，卻能夠產生相對應的心靈意象呢？**」不論它看起來是怎樣的不可能，我們最終必須假定，在無意識中有某種類似先驗知識的事物，或不具任何因果關係基礎的事件「即時性」(immediacy) 存在。這使我們能夠直觀的知道，我們無法用理性方式知道的事物。深入的直觀可以提供我們事實為真，而不只是玄思、臆測或幻想的知識。**對於榮格而言，無意識打破了康德的知識範疇，而且在可能知道的範圍內超越了意識**。換言之，**在無意識中，我們知道許多我們不知道我們知道的事。這些可以被稱為無思之思，或無意識的先驗知識**。正是這個概念，帶領榮格進入他對心物合一玄想的最極致境地。如果我們知道超越我們意識能知範圍的事物，那麼就有一個未知的知者存在於我們身上，它是超越時空概念範疇，而且能在各處同時存在的一個心靈面向。這就是本我。

榮格學派的心理學家有時會說，無意識裡沒有秘密，換言之，每個人知道所有的事。這是說明這層心靈真實的一種方式。即使暫時不考慮那些直觀能力天賦異稟的人——像某些能以驚人準確直觀診斷他們從未謀面病患的醫師——我們許多人也都有夢到他人，然後由此知道許多意識無法觸及資訊的經驗。當然，他們可能不知道某個特定的夢是準確的。有時我們會夢到他人的夢。有時是別人夢到我們的真實。身為一位聽聞許多移情夢的心理分析師，我可以證明某些夢（絕非全部）的正確性，遠超過病人在意識層次上了解我的程度。某位病人的夢甚至曾經告訴我當時自己所無法覺察到的事。她夢到我筋疲力竭，需要休息。直到我費時反省才了解到這點，不久後我便得了感冒，這時我了解到，她的無意識對我生理情況的感知，甚至比我自己意識所能覺知的還更準確。我可以把這個無意識知者比擬成「神之眼」，這是修女們以前用來恐嚇學校小孩，以便使他們恪遵教會規矩的概念。不僅你的所作所為，甚至所思——事實上，是你的存有——盡在神所觀視的範圍內，而且神還不斷加以登錄下來。這個版本的說法，是由某種絕對知識存在於無意識中這個觀念投射出來的。

為了進一步思考先驗知識的議題，榮格深入探討了數字的心理學意義。它們是什麼？假定我們「從心理學的角度，把數字界定為被意識覺察到的秩序原型。」當然，古代便有這樣的觀點，認為存有的宇宙結構奠定在數字，以及數字彼此間關係的基礎上。例如畢達哥拉斯的思想主張，教導的便是這樣的觀點。榮格採取了類似的途徑，差別只是用更現代的數學觀念，來解釋心靈與世界的基本結構。當這些存有的基本結構，在心靈中以意象的方式被感知到，它們通常會以圓圈（曼陀羅）或四方形（四方位體）出現，而一與四這兩個數字與它們有關。從一（太初），通過干擾的數字二與三，到數字四（完成，全體）的運動，所象徵的是從原初（不過仍然只是潛能）的統一，到全體實現狀態的過程。**數字象徵心靈中的個體化結構，同時也象徵非心靈世界中的秩序創造。所以人類的數字知識成為宇宙的知識。由於人們的認知能力與智慧，所以他們具有數字的先驗知識，只要這點成立，他們便也會具有宇宙的先驗知識。**（有趣的是，古希臘人如安帕多克里斯〔Empedocles〕認為，**眾神是以數學語言來思考的，因此人類中的數學天才和神近似**，事實上和神沒有兩樣。在這樣的信念下，安帕多克里斯在艾特納峰〔Mt. Etna〕山頂縱身跳入下面的活火山中。）

如果數字代表的是有意識的秩序原型，但卻仍然沒有回答，最終是「什麼」造成這個秩序狀態的問題。埋藏在秩序的數字與意象之下的是什麼？秩序原型的本身是什麼？在同時性現象中，明顯造成秩序並以數字與意象展現自己的場景背後，必然有一個運作的動力。榮格在此醞釀的是他的新宇宙論，其中所指涉的秩序原則不僅是心靈的，也是世界的。這基本上不是宗教或形像意義的神話，而是奠定在當代科學世界觀並記錄意義。但是榮格敏銳的強調，他不只是要從事玄想的哲學。那是傳統老式的作法，屬於前現代的意識層次。他在此努力朝向第五甚至第六階段的意識發展（見第八章），實證與科學的研究亦復如是。他想要論證說，同時性主要並不是一個哲學觀點，而是基於經驗事實與觀察的概念。它可以在實驗室裡測試。只有這類的宇宙論可以被當代世界所接受。對傳統信仰體系的懷舊之情，可在今日世界的許多角落發現，但是為了當下與未來，以及最高的意識層級，這個典範不能是神話的。它必須是科學的。

做為新世界觀的基礎，同時性的概念及其隱含意義是有效的，因為人們很容易便能夠直觀的了解，並將它們融入個人的日常生活中。**每個人都知道有幸運的事發生，也知道有諸事不順的倒霉日子**。通過意義與意象而非因果相連的事件組群，每個人都可以輕易的經驗到和驗證。但是，要把這個概念認真的當成一個科學原理看待卻絕不容易。它是革命性的舉措。至少它必須全新的來思考自然與歷史。例如，如果我們要在歷史事件中找出意義，這意味是潛藏的原型秩序在安排歷史，以便產生更進步的意識。這並不是說人類以為的進步，而是在了解真實方面的提昇。這個了解包括對真實的恐怖面，及美麗光榮面的認知。

這是榮格撰寫《基督教時代》的主要概念。**西方過去兩千年的宗教與文化歷史，可以被看成是逐漸覺察到某一潛藏原型結構的模式。在曲折滄桑的歷史過程中沒有意**

外事件。**它是朝向某處發展的，會產生某種需要在人類意識中照現反映的意象。**這個意象有光明與黑暗兩面。同樣的反映模式可以同時適用於個人的生命歷史與全體的歷史中，事實上，兩者可以（而且確實應該）被視為彼此相關，並且有意義的連結在一起。**我們每個人都是時代所需意識的部分承載者，以便增進我們對歷史潛藏主題展現過程的覺察。例如，個人對原型本質的夢，可能是對時代文化偏頗傾向的一種補償，而非只針對個人的意識。就這個意義而言，個人是整體歷史顯露真實反映的共同創造者。**

用同時性等概念思考文化與歷史所需的心理跳躍程度相當大，對於嚴格信奉因果律，具有狹隘理性傾向的西方人而言尤其困難。啟蒙時代留下重事實輕意義的遺產。它認定宇宙與歷史是由機率，以及控制物質的因果法則所安排。榮格知道其中的挑戰。畢竟他本身就深陷在西方的科學世界觀裡。「本身內含意義品質的同時性觀念，創造了一個無法表徵的世界圖像，以致令人十分困惑。不過，增添這個概念的想像在於，它使我們在描述與了解自然時，可以把類似心靈的因素包括在內——也就是先驗的意義或『同等的概念』。」榮格在此提出了一個他與物理學家波里共同繪製的圖案（圖八，參見下頁）。

在垂直的軸線上是時空的連續體，而水平線那兒則是因果關係與同時性的連續

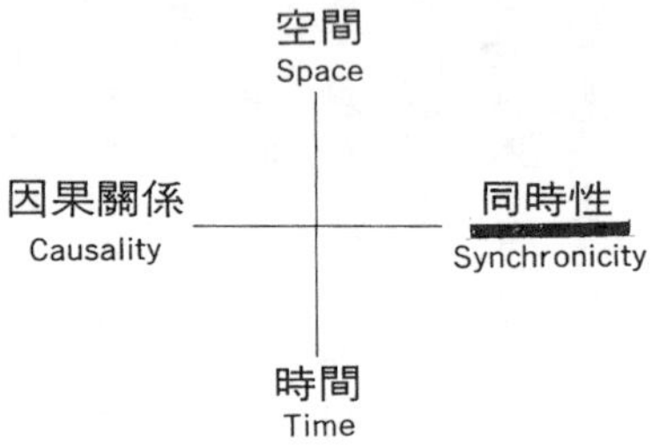

（圖八）

體。這個圖案所要表達的是，對真實最完整的解釋應該考慮到了解現象的四個因素：事件在何時何地發生（時空的連續體），以及造成該事件的原因和意義（因果關係——同時性的連續體）。假如這些問題能夠被回答，該事件便能被完整的了解。我們對這些要點可能會有爭議；顯然在事件意義的問題上，就必然會有極大的差異與爭議。詮釋可以無窮的產生，特別是意義重大的事件如第一顆原子彈的爆炸，至於家庭成員生死等非常個人的事件，就更不用說了。此處有容納分歧意見的廣大空間存在。當然，對於因果關係的意見也是眾說紛紜。榮格要表達的重點是，有關意義問題的答案，不只是對導致該事件的因果序列加以解釋而已。他論證說，要獲致意義問題的答案，同時性必須要納入考慮。從事物的心理面與類似心靈的層面觀之，我們必須研究心理積聚的情境中，十分明顯的原型模式，因為這些模式會提供處理同時性，以及深層結構意義所必需的母群參數。例如，探與世界兩者聚集的巧合事件中，有潛藏的客觀意義存在，而且讓我們直覺覺得有意義。此外，它在我們直覺看不到意義的地方——例如，當我們覺得事件的發生純粹只是因為機會造成時——創造了意義存在的可能性。在兩個案例中，這類型的意義超越（逾越）了線性的因果鏈。我們生在特定的家庭只是因為機率和因果關係嗎？是否也可能有意義存在？假使心靈不是像發展心理學想的那樣，只受因果法則的組織與構成，也受到同時性的影響。這就表示人格發展不僅按照預定的漸生階段序列發生，並且也在有意義巧合的時刻（同時性）發生。它也隱含了本能類群與原型，既以因果關係，也以同時性的（有意義的）方式結合與啟動。例如，像是性的本能可能會被啟動，不僅是因為序列事件的因果鏈（遺傳因素、心理固著或早期兒時的經驗），同時也因為某個原型領域在某個特定時刻凝聚在一起，以及與某人的巧遇轉變成一生友誼的經驗。在這個時刻，類似心靈世界中的某些事物，變得清晰可見而明瞭（「合體」，天作之合的一對）。不是原型凝聚力的意象造成事件，而是個人內在的心理預期（可能當時完全處於無意識狀態），與外在無法解釋和預測的現象之間的對應關係，是同時的。如果我們只從因果關係來省思，那麼為何這樣的關聯會發生便很神秘，但是如果我們把同時性因素與意義的層面引介進來討論，則我們將可以得到比較完整滿意的答案。在一個隨機的宇宙中，這種需要與機會或是慾望與滿足的聚合，將是不可能的，至少在統計的機率而言，不太可能發生。同時性事件中令人難忘的神秘轉化了人們。生命被轉移到新的方向上，而冥思同時性事件背後的因素，使得意識為之深化，甚至到達終極真實的層次。當某個原型場域凝聚起來，而且模式在心靈與客觀的非心靈世界同時浮現出來時，我們便有了人在「道」中的體驗。通過這樣的經驗，能夠開展意識對終極真實的基礎視域，其開闊的程度不是人類所能想像的。進入同時性事件的原型世界，讓人覺得有如活在神的意志之中。

宇宙論

這篇同時性的論文，是從榮格所謂的同時性「狹隘定義」——也就是在夢與思想等心靈事件，以及非心靈世界事件之間的有意義巧合——開始，事實上這也是通篇的要旨所在。但是榮格也有考量更寬廣的定義。這與世界中非關人類心靈的非因果秩序有關。這是一個「把同時性看成世界『非因果秩序』的廣義概念。」這成為榮格的宇宙論陳述。同時性或「非因果的秩序」乃是宇宙律的一個原理。「所有的『創造行為』，如自然數性質與現代物理中的不連續性等先驗因素，都在這個範疇內。因此，我們必須把常數與可經實驗重覆產生的現象，包括在我們擴延的概念範圍中，雖然這與同時性狹隘定義中所了解的現象本質並不吻合。」從同時性的普遍原理觀點來看，我們人類通過類似心靈的因素與原型的逾越性，所得到的非因果秩序經驗，乃是宇宙廣泛秩序的一個特例。

依據這個宇宙圖像，我在此對榮格心靈地圖提出最後一個觀點。**榮格對心靈及其疆界的探索，使他進入通常由宇宙學家、哲學家與神學家佔據的領域**。然而，他的心靈地圖必須放在這個較廣觀點的脈絡中來理解，因為是這個觀點使他整體的視域達到最高遠的境地。他教導說，**我們人類在宇宙中有特殊的角色要扮演。我們的意識能夠反映宇宙，並把它帶入意識的明鏡中**。我們逐漸了解，我們生活在一個用四種原理最能描述的宇宙中：能量不滅、時空連續、因果關係與同時性。榮格用下列的圖案來說明它們之間的關係。(圖九，參見下頁)

人類心靈與個人心理參與宇宙秩序的程度，在無意識的類靈層次最為深刻。通過心靈化的過程，宇宙的秩序模式得以在意識中呈現，最終並且能夠被了解整合。也就是說，每個人都可以通過觀照意象與同時性的方式，內證造物者及其創造性的傑作。因為原型不只是心靈的模式，它同時也反映出宇宙真實的基本結構。「在上，即下」，古代的賢者如是說。「在內，即外」，當代的靈魂探索者榮格這麼回應。

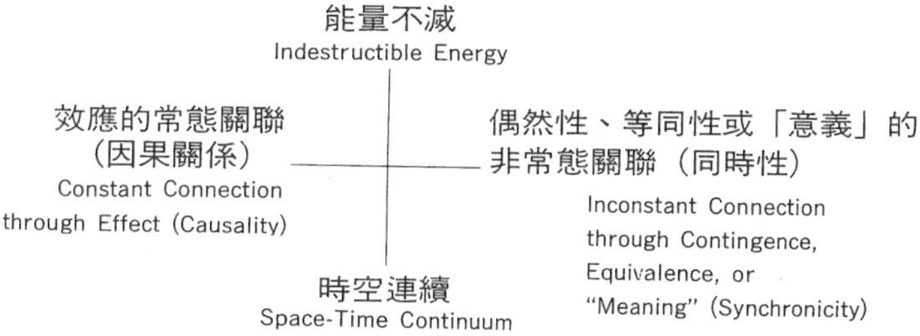
能量不滅
Indestructible Energy
效應的常態關聯（因果關係）
Constant Connection through Effect (Causality)
偶然性、等同性或「意義」的非常態關聯（同時性）
Inconstant Connection through Contingence, Equivalence, or "Meaning" (Synchronicity)
時空連續
Space-Time Continuum

（圖九）

〈附錄〉專有名詞解釋

阿尼瑪(anima)

男性無意識中永恆的女性原型意象，它連接自我意識與集體無意識，並具有打開通往本我之路的潛能。

阿尼姆斯(animus)

女性無意識中永恆的男性原型意象，它連接自我意識與集體無意識，並具有打開通往本我之路的潛能。

原型(archetype)

想像、思想或行為與生俱來的潛在模式，可以在所有時代和地方的人類身上找到。

原型意象(archetypal image)

人類共通的心靈模式，不論是精神的或行為的。原型意象可在個人夢境，以及如神話、神仙故事和宗教象徵等文化素材中找到。

補償作用(compensation)

自我意識與無意識尋求平衡的自律動態過程，它也孕育了個體化和朝向全體發展的進步。

情結(complex)

帶有個人無意識色調的自發內容，通常是因為心靈傷害或巨痛造成。

自我(ego)

意識的中心，也就是「我」。

自我意識(ego-consciousness)

以自我或「我」為中心，由容易被接觸的思想、記憶和感情組成的心靈部分。

外向(extroversion)

一種意識的慣性態度，喜好積極參與客體，並縝密的檢視它們。

意象(imago)

某項客體如父母親的心靈象表或形象，不可與實際的客體混淆。

個體化(individuation)

導致對全體覺察的心靈發展過程。不要與個人主義混淆。

本能(instinct)
心靈能量(或者稱里比多)的先天來源，以身體為基礎，是由心靈中某個原型意象塑造建構的。

內向(introversion)
一種意識的慣性態度，偏好內省，以及建立對客體縝密檢視的關係。

里比多(libido)
可以和「心靈能量」互換的同義詞，與「生命原力」這個哲學概念有密切關係。里比多可被量化和測量。

精神官能症(neurosis)
自我意識中習慣性的僵化偏執態度，以防衛心態和系統的方式，把無意識內容排除在意識之外。

人格面具(persona)
個人與社會間的心靈介面，它構成個人的社會認同。

投射作用(projection)
無意識心靈內容的外顯，有時是為了防衛的目的(如陰影)，有時是為了發展整合的目的(如阿尼瑪和本我)。

心靈(psyche)

包含意識、個人無意識與集體無意識的概括性名詞。集體無意識有時被稱為客觀的（objective）心靈，因為它不是個人的或個體的。

類靈(psychoid)

指稱心靈疆界的形容詞，其中一面和身體及物質世界交接，另一面則和「精神的」領域交接。

心理類型(psychological type)

兩種心理態度（attitude）(外向與內向)和四種心理功能（functions）(思想、感情、感覺與直觀)中各取其一結合，形成自我意識獨特慣性方向。

精神病(psychosis)

自我意識被氾濫的無意識所掌控的一種狀態，經常藉認同某種原型意象來護衛自己。

本我(self)

所有原型意象的源頭與中心，也是我們對結構、秩序與全體，與生俱來之心靈傾向的源頭與中心。

陰影(shadow)

性格中被排斥和不能被接受的面向，它們被壓抑，形成自我之本我理想和人格面具的補償結構。

同時性(synchronicity)

兩個事件的有意義巧合，一項是內在心靈的事件，另一項則是外在物理的事件。

超越功能(transcendent function)

在自我意識與無意識間，因為夢的解析和積極想像所創造出來的心靈連結，所以對後半生的個體化過程是很重要的。

無意識(unconscious)

在意識覺察外的心靈部分。無意識的內容由被壓抑的記憶與素材，如思想、意象及情緒等從未被覺察到的內容所組成。無意識分成個人無意識（personal unconscious）與集體無意識（collective unconscious），前者包含情結，後者則有原型意象與本能類群安居其中。

全體(wholeness)

窮一生歷程之發展，對心靈的複雜性與完整性所浮現的感覺。

參考書目

Burnham, J.S. and McGuire, W. (eds.). 1983. *Jelliffe: American Psychoanalyst and Physician.* Chicago: University of Chicago Press.

Clark, J.J. 1992. *In Search of Jung.* London and New York: Routledge.

Csikszentmihalyi, M. 1990. *Flow.* New York: Harper and Row.

Dieckman, H. 1987. On the theory of complexes. In *Archetypal Processes in Psychotherapy* (eds. N. Schwartz-Salant and M. Stein). Wilmette, IL.: Chiron Publications.

———. 1988. Formation of and dealing with symbols in borderline patients. In *The Borderline Personality in Analysis* (eds. N. Schwartz-Salant and M. Stein). Wilmette, IL.: Chiron Publications.

Ellenberger, H. 1970. *The Discovery of the Unconscious.* New York: Basic Books.

Erikson, E. 1968. *Identity, Youth, and Crisis.* New York: Norton.

Fordham, F. 1953. *An Introduction to Jung's Psychology.* Baltimore: Penguin Books.

Fordham, M. 1970. *Children as Individuals.* New York: Putnam.

———. 1985. *Explorations Into the Self.* London: Academic Press.

Hannah, B. 1976. *Jung, His Life and Work.* New York: G.P. Putnam's Sons.

Henderson, J. 1990. Cultural attitudes and the cultural unconscious. In *Shadow and Self.* Wilmette, IL.: Chiron Publications.

Hogenson, G. 1994. *Jung's Struggle with Freud.* Wilmette: Chiron Publications

Jacobi, J. 1943. *The Psychology of C.G. Jung.* New Haven, Conn.: Yale University Press.

James, W. 1902. *Varieties of Religious Experience.* New York: Longmans, Green, and Co.

———. 1950. *The Principles of Psychology.* New York: Dover.

Jung, C.G. Except as below, references are to the *Collected Works (CW)* by volume and paragraph number.

———. 1961. *Memories, Dreams, Reflections.* New York: Random House.

———. 1973. *Letters,* vol. 1. Princeton: Princeton University Press.

———. 1974. *The Freud/Jung Letters.* Princeton: Princeton University Press.

———. 1975. *Letters,* vol. 2. Princeton: Princeton University Press.

———. 1977. *C.G. Jung Speaking.* Princeton: Princeton University Press.

———. 1983. *The Zofingia Lectures.* Princeton: Princeton University Press.

———. 1991. *Psychology of the Unconscious.* Princeton: Princeton University Press.

Kerr, J. 1993. *A Most Dangerous Method.* New York: Knopf.
Maidenbaum, A. (ed.). 1991. *Lingering Shadows: Jungians, Freudians and Anti-Semitism.* Boston: Shambhala.
McGuire, W. (ed.) 1974. *The Freud/Jung Letters.* Princeton: Princeton University Press.
Noll, R. 1989. Multiple personality, dissociation, and C.G. Jung's complex theory. In *Journal of Anaytical Psychology* 34:4.
———. 1993. Multiple personality and the complex theory. In *Journal of Analytical Psychology* 38:3.
———. 1994. *The Jung Cult.* Princeton: Princeton University Press.
Rieff, P. 1968. *Triumph of the Therapeutic.* New York: Harper and Row.
Samuels, A. 1992. National psychology, National Socialism, and analytical psychology: Reflections on Jung and anti-semitism, Pts. I, II. In *Journal of Analytical Psychology* 37:1 and 2.
———. 1993. New material concerning Jung, anti-Semitism, and the Nazis. In *Journal of Analytical Psychology* 38:4, pp. 463–470.
Satinover, J. 1995. Psychopharmacology in Jungian practice. In *Jungian Analysis* (ed. M. Stein), pp. 349–71. LaSalle, IL: Open Court.
Stevens, A. 1982. *Archetypes: A Natural History of the Self.* New York: William Morrow and Co.
Stein, M. (ed.). 1995. *Jung on Evil.* Princeton: Princeton University Press.
Tresan, D. 1995. Jungian metapsychology and neurobiological theory: auspicious correspondences." In *IAAP Congress Proceedings 1995.* Einsiedeln: Daimon Verlag.
von Franz, M.L. 1971. The inferior function. In *Jung's Typology.* Dallas: Spring Publications.
Wehr, G. 1987. *Jung, A Biography.* Boston: Shambhala.

內文簡介：

20世紀是種種科學突破與科技奇蹟的時代，但同時也是深刻內省，探索人類共同主體性的時代。

當科學家和太空人已經探索並勾勒出物理的宇宙之際，榮格以及追隨其研究的分析心理學家們也已開始描繪人類心靈的廣大內在世界。而榮格則是發現內在世界的哥倫布。

早先有關榮格概念的研究不是難以理解，便是缺乏整體性。莫瑞・史坦提供我們的是對榮格思想的全面照顧，他筆下的**榮格既是一位奉獻的科學家，具創意的藝術家，也是一位愛科哈特與布雷克傳統下的先知**。

本書既是初學者與深入研究榮格學者的指引，也是為專精的學者所寫有關榮格理論的精彩評論；《榮格心靈地圖》是近年來在榮格心理學論述方面最重要的著作。對想了解榮格和自認已了解榮格的人，本書都是極具啟發性的。

作者：

莫瑞・史坦（Murray Stein）

莫瑞・史坦醫生曾受業於耶魯大學、蘇黎世榮格學會和芝加哥大學。他擔任心理分析師的訓練工作二十餘年，目前任教於芝加哥榮格學會。他的眾多著作包括《修練全體》(*Practicing Wholeness*, 1996)，《轉化：本我的浮現》(*Transformation: Emergence of the Self*, 1998)，並編輯極具權威的《榮格式分析》(*Jungian Analysis*, 1995)叢書。史坦醫生也是國際分析心理學協會的副會長。

譯文校訂：

蔡昌雄

美國天普大學宗教學博士。譯著《進步的演化》、《榮格》、《神的歷史》。現任南華大學宗教學研究所助理教授。

譯者：

朱侃如

中興大學外文系學士，美國天普大學新聞碩士，現任雜誌社資深撰述。譯有《神話》、《坎伯生活美學》、《千面英雄》、《女性主義》、《維根斯坦》（立緒文化公司出版）。

校對：

馬興國

中興大學社會系畢，資深編輯。

心理學與哲學思考

C. G. Jung 榮格對21世紀的人說話

發現人類內在世界的哥倫布

榮格早在二十世紀即被譽為是
二十一世紀的心理學家，因為他的成就
與識見遠遠超過了他的時代。

榮格（右一）與弗洛依德（左一）在美國與當地學界合影，中間爲威廉．詹姆斯。

人及其象徵：

榮格思想精華
Carl G. Jung ◎主編
龔卓軍 ◎譯

中時開卷版書評推薦
ISBN: 978-986-6513-81-7
定價：390元

榮格心靈地圖

人類的先知，
神秘心靈世界的拓荒者
Murray Stein◎著
朱侃如 ◎譯
中時開卷版書評推薦
ISBN: 978-986-360-082-4
定價：320元

榮格．占星學

重新評估榮格對
現代占星學的影響
Maggie Hyde ◎著
趙婉君 ◎譯

ISBN: 978-986-360-183-8
定價：380元

導讀榮格

超心理學大師
榮格全集導讀
Robert H. Hopcke ◎著
蔣韜 ◎譯

ISBN: 978-957-8453-03-6
定價：230元

榮格：
思潮與大師經典漫畫

認識榮格的開始
Maggie Hyde ◎著
蔡昌雄 ◎譯

ISBN: 987-986-360-101-2
定價：250元

大夢兩千天

神話是公眾的夢
夢是私我的神話
Anthony Stevens ◎著
薛絢 ◎ 譯

ISBN: 978-986-360-127-2
定價：360元

夢的智慧

榮格的夢與智慧之旅
Segaller & Berger ◎著
龔卓軍 ◎譯

ISBN: 957-8453-94-9
定價：320元

心理學與哲學思考

羅洛・梅 Rollo May

愛與意志：羅洛・梅經典

生與死相反，
但是思考生命的意義
卻必須從死亡而來。

ISBN:978-986-360-140-1
定價：420元

自由與命運：羅洛・梅經典

生命的意義除了接納無
可改變的環境，
並將之轉變為自己的創造外，
別無其他。
中時開卷版、自由時報副刊
書評推薦
ISBN:978-986-360-165-4
定價：360元

創造的勇氣：羅洛・梅經典

若無勇氣，愛即將褪色，
然後淪為依賴。
如無勇氣，忠實亦難堅持，
然後變為妥協。

中時開卷版書評推薦
ISBN:978-986-360-166-1
定價：230元

權力與無知：羅洛・梅經典

暴力就在此處，
就在常人的世界中，
在失敗者的狂烈哭聲中聽到
青澀少年只在重蹈歷史的覆轍。

ISBN:978-986-3600-68-8
定價：350元

哭喊神話

呈現在我們眼前的....
是一個朝向神話消解的世代。
佇立在過去事物的現代人，
必須瘋狂挖掘自己的根，
即便它是埋藏在太初
遠古的殘骸中。

ISBN:978-986-3600-75-6
定價：380元

焦慮的意義：羅洛・梅經典

焦慮無所不在，
我們在每個角落
幾乎都會碰到焦慮，
並以某種方式與之共處。

聯合報讀書人書評推薦
ISBN:978-986-360-141-8
定價：420元

尤瑟夫・皮柏 Josef Pieper

二十世紀最重要的哲學著作之一

閒暇：一種靈魂的狀態 誠品好讀重量書評推薦

Leisure, The Basis of Culture
德國當代哲學大師經典名著

本書摧毀了20世紀工作至上的迷思，
顛覆當今世界對「閒暇」的觀念
閒暇是一種心靈的態度，
也是靈魂的一種狀態，
可以培養一個人對世界的關照能力。

ISBN:978-986-360-107-4
定價：280元

喬瑟夫 · 坎伯 Joseph Campbell

20世紀美國神話學大師

如果你不能在你所住之處找到聖地，
你就不會在任何地方找到它。
默然接納生命所向你顯示的實相，
就是所謂的成熟。

坎伯與妻子珍 · 厄爾曼

英雄的旅程

讀書人版每週新書金榜
開卷版本周書評
Phil Cousineau ◎著
梁永安 ◎譯

ISBN: 978-986-360-153-1
定價：420元

神話的力量

1995聯合報讀書人
最佳書獎
Campbell & Moyers ◎著
朱侃如 ◎譯

ISBN: 978-986-360-026-8
定價：390元

千面英雄

坎伯的經典之作
中時開卷版、讀書人版每周新書金榜
Joseph Campbell ◎著
朱侃如 ◎譯

ISBN: 957-8453-15-9
定價：420元

坎伯生活美學

開卷版一周好書榜
讀書人版每周新書金榜
Diane K. Osbon ◎著
朱侃如 ◎譯

ISBN: 957-8453-06-X
定價：360元

神話的智慧

開卷版一周好書榜
讀書人版每周新書金榜
Joseph Campbell ◎著
李子寧 ◎譯

ISBN: 957-0411-45-7
定價：390元

美國重要詩人**內哈特 John Neihardt**傳世之作

巫士詩人神話　長銷七十餘年、譯成八種語言的美國西部經典

這本如史詩般的書，述說著一個族群偉大的生命史與心靈史，透過印第安先知黑麋鹿的敘述，一部壯闊的、美麗的草原故事，宛如一幕幕扣人心弦的電影場景。這本書是世界人類生活史的重要資產，其智慧結晶將為全人類共享，世世代代傳承。

ISBN: 986-7416-02-3　定價：320元

立緒文化全書目 -1

序號	書名	售價	訂購
政治與社會			
A0001	民族國家的終結	300	
D0070	信任：社會德性與經濟繁榮	390	
D0039-2	大棋盤	350	
A0008	資本主義的未來	350	
A0009-1	新太平洋時代	300	
A0010	中國新霸權	230	
CC0047-1	群眾運動聖經	280	
CC0048	族群	320	
CC0049	王丹訪談	250	
D0003-1	改變中的全球秩序	320	
D0027	知識份子	220	
D0013	台灣社會典範的轉移	280	
D0015	親愛的總統先生	250	
CC0004	家庭論	450	
CC0019	衝突與和解	160	
啟蒙學叢書			
B0001-1	榮格	250	
B0002	凱因斯	195	
B0003-1	女性主義	250	
B0004-1	弗洛依德	250	
B0006	法西斯主義	195	
B0007-1	後現代主義	250	
B0009-1	馬克思	250	
B0010	卡夫卡	195	
B0011	遺傳學	195	
B0013	畢卡索	195	
B0014	黑格爾	195	
B0015	馬基維里	195	
B0019	喬哀思	195	
B0021	康德	195	
B0023-1	文化研究	250	
B0024-1	後女性主義	250	
B0025-1	尼采	250	
B0026	柏拉圖	195	
生活哲思			
CA0002	孤獨	350	
CA0012-1	隱士（第二版）	360	
CA0005-2	四種愛：親愛·友愛·情愛·大愛	250	
CA0006	情緒療癒	360	
CA0007-1	靈魂筆記	400	
CA0008-1	孤獨的誘惑	280	
CA0023-1	克里希那穆提：最初與最後的自由	310	
CA0011-1	內在英雄	350	
CA0015-1	長生西藏	230	
CA0017	運動	300	
CC0013-1	生活的學問	250	
CB0003	坎伯生活美學	360	
CC0001-1	簡樸	250	
CC0003-1	靜觀潮落	450	
CI0001-3	美好生活	400	
CC0024-1	小即是美	350	
CC0025-1	少即是多	390	
CC0039	王蒙自述-我的人生哲學	280	

立緒文化全書目 - 2

序號	書名	售價	訂購
心理			
CA0001	導讀榮格	230	
CG0001-1	人及其象徵:榮格思想精華	390	
CG0002-1	榮格心靈地圖	320	
CG0003-1	大夢兩千天	360	
CG0004	夢的智慧	320	
CG0005-2	榮格・占星學	380	
CA0013-2	自由與命運	360	
CA0014-1	愛與意志	420	
CA0016-2	創造的勇氣	230	
CA0019-1	哭喊神話	380	
CA0020-1	權利與無知	350	
CA0021-1	焦慮的意義	420	
CA0022	邱吉爾的黑狗	380	
宗教·神話			
CB0001-1	神話的力量	390	
CB0002-2	神話的智慧	390	
CB0004	千面英雄	420	
CB0005-2	英雄的旅程	420	
CD0007-2	神的歷史	460	
CD0016-1	人的宗教：人類偉大的智慧傳統	450	
CD0019-1	宗教經驗之種種	499	
CD0028	人的宗教向度	480	
CD0022-1	上帝一直在搬家	380	
CD0001-1	跨越希望的門檻(精)	350	
CD0008	教宗的智慧	200	
CD0004-1	德蕾莎修女：一條簡單的道路	280	
CD0009-2	活的佛陀，活的基督	280	

序號	書名	售價	訂購
宗教·神話			
CD0010	心靈的殿堂	350	
CD0011	法輪常轉	360	
CD0014	宗教與神話論集	420	
CD0017	近代日本人的宗教意識	250	
CD0018-2	耶穌行蹤成謎的歲月	360	
D0011	全球倫理與宗教對話	250	
E0008	天啓與救贖	360	
E0011	宗教道德與幸福弔詭	230	
CD0034-1	達賴喇嘛說喜樂與開悟	300	
CD0023-2	達賴喇嘛說般若智慧之道	320	
CD0024-1	達賴喇嘛在哈佛：論四聖諦、輪迴和敵人	320	
CD0025-1	達賴喇嘛說幸福之道	300	
CD0026-1	一行禪師 馴服內在之虎	200	
CD0027-2	曼陀羅：時輪金剛沙壇城	380	
CD0005-1	達賴喇嘛說慈悲帶來轉變	280	
CD0002	生命之不可思議	230	
CD0013-1	藏傳佛教世界：西藏佛教的哲學與實踐	250	
CA0018	意識的歧路	260	
哲學			
CK0006-1	真理的意義	290	
CJ0003	科學與現代世界	250	
E0002	辯證的行旅	280	
E0009	空性與現代性	320	
E0010	科學哲學與創造力	260	
CK0001-1	我思故我笑(第二版)	199	
CK0002	愛上哲學	350	
CK0004	在智慧的暗處	250	

序號	書名	售價	訂購	序號	書名	售價	訂購
哲學				**文學·美學**			
CK0005-1	閒暇:一種靈魂的狀態	280		CE0002	創造的狂狷	350	
CC0020-1	靈知天使夢境	250		CE0003	苦澀的美感	350	
CC0021-1	永恆的哲學	300		CE0004	大師的心靈	480	
CC0022	孤兒.女神.負面書寫	400		CE0006	批判西潮五十年	780	
CC0023	烏托邦之後	350		CE0007	什麼是幸福	650	
CC0026-1	愛情的正常性混亂:一場浪漫的社會謀反	400		CE0008	矯情的武陵人	760	
CC0041	心靈轉向	260		CE0009	珍貴與卑賤	550	
CC0030	反革命與反叛	260		E0006	戲曲源流新論	300	
文學·美學				**文化與人類**			
CC0043	影子大地	290		CC0010-1	當代文化大論辯	450	
CC0035	藍:一段哲學的思緒	250		CC0040-1	近代日本的百年情結:日本人論	450	
CA0003-2	魯米詩篇:在春天走進果園	390		CC0016	東方主義	500	
CC0029-1	非理性的人:存在主義研究經典	380		CC0027	鄉關何處	420	
CC0015-1	深河(第二版)	320		CC0028	文化與帝國主義	520	
CC0031-1	沉默(電影版)	350		CC0044-1	文化與抵抗	350	
CC0103	武士	390		CC0032-2	遮蔽的伊斯蘭	380	
CC0002	大時代	350		CC0045-1	海盜與皇帝	350	
CC0051	卡夫卡的沉思	250		D0023-1	遠離煙硝	330	
CC0050	中國文學新境界	350		CC0036	威瑪文化	340	
CC0033	在文學徬徨的年代	230		CC0046	歷史學家三堂小說課	250	
CC0017	靠岸航行	180		D0026	荻島靜夫日記	320	
CC0018	島嶼巡航	130		CC054-2	逃避主義:從恐懼到創造	380	
CC0012-2	反美學	360		CD0020-1	巫士詩人神話	320	
CC0011-2	西方正典(全二冊)	720		CC0052	印第安人的誦歌	320	
CC0053	俄羅斯美術隨筆	430		CH0001	田野圖像	350	
CC0037-2	給未來的藝術家(2017增訂新版)	380		D0009-2	在思想經典的國度中旅行	299	
CE0001	孤獨的滋味	320		D0012-1	速寫西方人文經典	299	

序號	書名	售價	訂購
文化與人類			
CC0008	文化的視野	210	
CC0009-3	生命的學問十二講	320	
CC0055-2	向法西斯靠攏	480	
D0025-1	綠色經濟：綠色全球宣言	380	
D0028-1	保守主義經典閱讀	400	
CC0096	道家思想經典文論	380	
E0004	文化的生活與生活的文化	300	
E0005	框架內外	380	
歷史·傳記			
CC0038	天才狂人與死亡之謎	390	
CC0034-2	上癮五百年	350	
CC0042	史尼茨勒的世紀	390	
CK0003	墮落時代	280	
CF0001	百年家族-張愛玲	350	
CF0002	百年家族-曾國藩	300	
CF0004	百年家族-胡適傳	400	
CF0007	百年家族-盛宣懷	320	
CF0009	百年家族-顧維鈞	330	
CF0010	百年家族-梅蘭芳	350	
CF0011	百年家族-袁世凱	350	
CF0012	百年家族-張學良	350	
CF0014	百年家族-梁啓超	320	
CF0015	百年家族-李叔同	330	
CF0016	梁啓超和他的兒女們	320	
CF0017	百年家族-徐志摩	350	
CF0018	百年家族-康有為	320	
CF0019	百年家族-錢穆	350	

序號	書名	售價	訂購
歷史·傳記			
CF0020	林長民、林徽因	350	
CF0024	百年家族-李鴻章	360	
CF0025	李鴻章傳	220	
CF0026	錢幣大王--馬定祥傳奇	390	
CF0003-1	毛澤東的性格與命運	300	
CF0013-1	毛澤東與文化大革命	350	
CF0005	記者：黃肇珩	360	
CF0008	自由主義思想大師：以撒·柏林傳	400	
CF0021	弗洛依德(1)	360	
CF0022	弗洛依德(2)	390	
CF0023	弗洛依德(3)	490	
人文行旅			
T0001	藏地牛皮書	499	
T0002	百年遊記（I）	290	
T0003	百年遊記（II）	290	
T0004	上海洋樓滄桑	350	
T0005	我的父親母親（父）	290	
T0006	我的父親母親（母）	290	
T0007	新疆盛宴	420	
T0008	海德堡的歲月	300	
T0009	沒有記憶的城市	320	
T0010	柏林人文漫步	300	
經典解讀			
D0001-1	傅佩榮解讀論語	420	
D0016-1	老子解讀(平)	300	
D0017-1	孟子解讀(平)	380	
D0014-1	莊子解讀(平)	499	

序號	書名	售價	訂購
D0018-2	傅佩榮解讀易經	620	
D0057	大學・中庸解讀	280	
D0096	傅佩榮宗教哲學十四講	460	
D0097	傅佩榮先秦儒家哲學十六講	520	
D0101	傅佩榮周易哲學十五講	580	
D0102	傅佩榮論語、孟子、易經二十四講	350	
D0104	人性向善論發微	480	
D0106	傅佩榮講道德經	620	
D0006	莊子(黃明堅解讀)	390	
大學堂系列			
D0010	品格的力量(完整版)	320	
D0047	品格的力量(精華版)	190	
D0002-1	哈佛名師的35堂課	380	
F0001	大學精神	280	
F0002	老北大的故事	295	
F0003	紫色清華	295	
F0004-1	哈佛名師教你如何讀大學	300	
F0005	哥大與現代中國	320	
F0006-2	百年大學演講精華	380	
F0007-1	大師與門徒：哈佛諾頓講座	250	
分享系列			
S0001-2	115歲，有愛不老	280	
S0002	18歲，無解	150	
S0003	小飯桶與小飯囚	250	
S0004	藍約翰	250	
S0005	和平:諾貝爾和平獎得主的故事	260	
S0006	一扇門打開的聲音—我為什麼當老師	300	

訂購人：______________________

寄送地址：

□□□

聯絡電話:（請詳填可聯繫方式）

(O) ______________________

(H) ______________________

手機 ______________________

發票方式：

□ 抬頭：______________________

□（二聯） □（三聯） ______________________
統一編號

訂購金額：______________________元

郵資費：

□免 / □ 元（未滿1500元者另加）

應付總金額：______________________元

訂購備註：

（訂購單請連同劃撥收據一起傳真）

訂購請洽：立緒文化事業有限公司

電話：02-22192173 傳真：02-22194998

地址：231新北市新店區中央新村六街62號

國家圖書館出版品預行編目(CIP)資料

榮格心靈地圖 / 莫瑞・史坦(Murray Stein)著；朱侃如譯 -- 三版 -- 新北市:立緒文化事業有限公司, 2017.04
面；　公分. --（新世紀叢書；56）
譯自：Jung's Map of the Soul: An Introduction

ISBN 978-986-360-082-4(平裝)

1. 榮格（Jung, Carl Gustav, 1875-1961） 2. 學術思想 3. 精神分析論

170.189　106003459

榮格心靈地圖（第三版）

Jung's Map of the Soul: An Introduction

出版——立緒文化事業有限公司（於中華民國 84 年元月由郝碧蓮、鍾惠民創辦）
作者——莫瑞・史坦（Murray Stein）
譯者——朱侃如

發行人——郝碧蓮
顧問——鍾惠民

地址——新北市新店區中央六街 62 號 1 樓
電話——(02) 2219-2173
傳真——(02) 2219-4998
E-mail Address —— service@ncp.com.tw
劃撥帳號——1839142-0 號 立緒文化事業有限公司帳戶
行政院新聞局局版臺業字第 6426 號

總經銷——大和書報圖書股份有限公司
電話——(02) 8990-2588
傳真——(02) 2290-1658
地址——新北市新莊區五工五路 2 號
排版——文盛設計印刷有限公司
印刷——尖端數位印刷股份有限公司

法律顧問——敦旭法律事務所吳展旭律師

分類號碼——170.189
ISBN—— 978-986-360-082-4
出版日期——中華民國 88 年 8 月～ 98 年 4 月初版 一～八刷（1 ～ 10,700）
中華民國 100 年 7 月～ 104 年 11 月二版 一～三刷（1 ～ 2,200）
中華民國 106 年 4 月～ 111 年 2 月三版 一～十三刷（1 ～ 11,000）
中華民國 112 年 8 月三版 十四刷（11,001 ～ 11,700）

定價◎ 320 元（平裝）

立緒文化事業有限公司　信用卡申購單

■信用卡資料

信用卡別（請勾選下列任何一種）

□VISA　□MASTER CARD　□JCB　□聯合信用卡

卡號：＿＿＿＿＿＿＿＿＿＿＿＿＿＿＿＿

信用卡有效期限：＿＿＿年＿＿＿月

訂購總金額：＿＿＿＿＿＿＿＿＿＿＿＿

持卡人簽名：＿＿＿＿＿＿＿＿＿＿＿＿（與信用卡簽名同）

訂購日期：＿＿＿年＿＿＿月＿＿＿日

所持信用卡銀行＿＿＿＿＿＿＿＿＿＿＿＿

授權號碼：＿＿＿＿＿＿＿＿＿＿（請勿填寫）

■訂購人姓名：＿＿＿＿＿＿＿＿＿＿＿性別：□男□女

出生日期：＿＿＿年＿＿＿月＿＿＿日

學歷：□大學以上□大專□高中職□國中

電話：＿＿＿＿＿＿＿＿＿＿　職業：＿＿＿＿＿＿＿＿＿＿

寄書地址：□□□

＿＿＿＿＿＿＿＿＿＿＿＿＿＿＿＿＿＿＿＿＿＿＿＿＿

■開立三聯式發票：□需要　□不需要（以下免填）

發票抬頭：＿＿＿＿＿＿＿＿＿＿＿＿＿＿＿

統一編號：＿＿＿＿＿＿＿＿＿＿＿＿＿＿＿

發票地址：＿＿＿＿＿＿＿＿＿＿＿＿＿＿＿

■訂購書目：

書名：＿＿＿＿＿＿、＿＿＿本。書名：＿＿＿＿＿＿、＿＿＿本。

書名：＿＿＿＿＿＿、＿＿＿本。書名：＿＿＿＿＿＿、＿＿＿本。

書名：＿＿＿＿＿＿、＿＿＿本。書名：＿＿＿＿＿＿、＿＿＿本。

共＿＿＿＿＿本，總金額＿＿＿＿＿＿＿＿＿＿元。

⊙請詳細填寫後，影印放大傳真或郵寄至本公司，傳真電話：(02)2219-4998

大智文化 閱讀卡

姓　名：

地　址：□□□

電　話：(　　)　　　　　　傳 眞：(　　)

E-mail：

您購買的書名：＿＿＿＿＿＿＿＿＿＿＿＿＿＿＿＿

購書書店：＿＿＿＿＿＿市（縣）＿＿＿＿＿＿＿＿書店

■您習慣以何種方式購書？

□逛書店 □劃撥郵購 □電話訂購 □傳真訂購 □銷售人員推薦
□團體訂購 □網路訂購 □讀書會 □演講活動 □其他＿＿＿＿

■您從何處得知本書消息？

□書店 □報章雜誌 □廣播節目 □電視節目 □銷售人員推薦
□師友介紹 □廣告信函 □書訊 □網路 □其他＿＿＿＿＿＿

■您的基本資料：

性別：□男 □女 婚姻：□已婚 □未婚 年齡：民國＿＿＿年次

職業：□製造業 □銷售業 □金融業 □資訊業 □學生
□大眾傳播 □自由業 □服務業 □軍警 □公 □教 □家管
□其他 ＿＿＿＿＿＿＿＿＿＿＿＿＿＿

教育程度：□高中以下 □專科 □大學 □研究所及以上

建議事項：

愛戀智慧 閱讀大師

廣告回信
北區郵政管理局登記證 北臺字8448號
免貼郵票

立緒文化事業有限公司　收

新北市 2 3 1

新店區中央六街62號一樓

請沿虛線摺下裝訂，謝謝！

立緒文化 閱讀卡

感謝您購買立緒文化的書籍

為提供讀者更好的服務，現在填妥各項資訊，寄回閱讀卡（免貼郵票），或者歡迎上網http://www.facebook.com/ncp231即可收到最新書訊及不定期優惠訊息。